58则令人拍案叫绝的科学故事

课堂上没教的
科学知识

Scientific Knowledge Not Taught in Class

张之杰 / 著

58篇短文依学科分为六类，做了生动出彩的讲解，
包括《从天灯到热气球》《胡克的〈显微图绘〉》《达·芬奇的人体解剖图稿》等，
充分展示了科学的魅力，能够拓展读者的视野！

台海出版社

北京市版权局著作合同登记号：图字01-2020-5486

图书在版编目（CIP）数据

课堂上没教的科学知识 / 张之杰著 .
－－北京：台海出版社，2020.12
ISBN 978-7-5168-2804-5

Ⅰ . ①课… Ⅱ . ①张… Ⅲ . ①科学知识—
少儿读物 Ⅳ . ① Z228.1

中国版本图书馆 CIP 数据核字（2020）第 215877 号

课堂上没教的科学知识

著　　者：张之杰			
出 版 人：蔡　旭		封面设计：小马车	
责任编辑：王　萍			

出版发行：台海出版社

地　　址：北京市东城区景山东街 20 号　　邮政编码：100009

电　　话：010-64041652（发行、邮购）

传　　真：010-84045799（总编室）

网　　址：www.taimeng.org.cn/thcbs/default.htm

E－m a i l：thcbs@126.com

经　　销：全国各地新华书店

印　　刷：三河市双峰印刷装订有限公司

本书如有破损、缺页、装订错误，请与本社联系调换

开　　本：880 毫米 × 1230 毫米　　　　1/32

字　　数：187 千字　　　　　　　　印　　张：7.25

版　　次：2021 年 1 月第 1 版　　　　印　　次：2021 年 1 月第 1 次印刷

书　　号：ISBN 978-7-5168-2804-5

定　　价：42.80 元

自序 PREFACE

  我从20世纪70年代末开始接触科学史。1982年"中央研究院"科学史委员会成立时，受邀成为创会委员。从1996年年初起，开始密集发表科学史论著。1997年年底，发起成立"中华科技史学会"。2005年，受邀到世新大学开设"中国科技史"通识课程。2006年，受邀成为中国科学技术史学会理事。在两岸科学史界逐渐拥有一席之地。

  2011年，《科学月刊》（简称《科月》）与台湾商务印书馆达成协议，选取《科月》已刊出文章，供商务出版"科普馆丛书"。我参与其事，主编《科学史话》等四种。《科学史话》收文五十篇，由十六位两岸科学史家执笔，全都选自《科月》"科学史话"栏目，皆为不到两千字的短文。由于精短易读，出版后广获好评，是商务"科普馆丛书"销路最好的一本。

  编选《科学史话》时已意识到，我个人的作品已足够出版一本类似的集子。从2016年元月中旬起，在旧档中寻寻觅觅，很快就凑出近六十篇，但出版并不顺利。台北一家出版社建议先抛到网上，看看反应再说。北京一家出版社有兴趣，且已进入签约阶段，不意又不了了之。

　　2016 年夏蒙台湾商务印书馆伸出援手，不过要求不能有和《科学史话》等"科普馆丛书"重复的文章。这倒是个不小的挑战，于是重新搜寻，又补写了一些新作，一共得出八十几篇，再从中选出几十篇，这本集子方才辑成。

　　这本集子源自《科月》者居多，这是因为我长期参与《科月》，科普文章大多在《科月》发表。再说我长期为《科月》的"科学史话"和"大家谈科学"栏目组稿（后者也刊出科学史短文），所写的科学史短文自然较任何同侪都多。

　　几十篇短文选定后，接下去要决定编排方式。主编及责任编辑建议，依学科别分为六类，各类再以刊出先后排序。换句话说，采取分类体和笔记体混用的方式。其实每一篇都是独立存在，随意披阅，随时会带来意外的惊喜。这是本书最为殊胜之处。

　　喜欢《科学史话》的朋友，希望也会喜欢这本《课堂上没教的科学知识》。《科学史话》是"主编"的，《课堂上没教的科学知识》是"著"的。语云：家有敝帚，享之千金。我个人当然喜欢这本出自一己之手的《课堂上没教的科学知识》，广大读者呢？

（2016 年 11 月于新店蜗居）

目录 CONTENTS

辑三　医学类

辑四　地理、农业类

辑五　建筑、器物类

辑六　其他类

辑一

数理化类

韩信点兵的故事

　　韩信点兵，即中国剩余定理，是个数论命题。借着传说的韩信故事，说明"物不知其数"的解法，读来饶富趣味。

　　秦朝灭亡后，楚霸王项羽和汉王刘邦争夺天下。刘邦在萧何、张良、韩信的辅佐下，打败楚霸王，建立了汉朝。有道是：狡兔死，走狗烹。刘邦得到天下后，一心想把韩信除掉，传说有天他把韩信找来，直截了当地问：

　　"你还有多少兵？"

　　韩信回答："回陛下，我也不知道自己有多少兵，只知道三个三个一组地数，剩两个；五个五个一组地数，剩三个；七个七个一组地数，剩两个。"

　　按照计划，如果韩信的兵马不多，就把他杀了，没想到韩信打了个哑谜，连神机妙算的张良也毫无头绪，君臣使了个眼色，决定暂不动手。

　　那么韩信到底有多少兵？中国有部古算书《孙子算经》，提出同样的问题："今有物不知其数，三三数之剩二，五五数之剩三，七七数之剩二，问物几何？"《孙子算经》给出解法，答案是二十三。原来韩信只剩下二十三个士兵啊！

　　《孙子算经》的作者和著作年代已不可考，不过不会晚于晋朝。中国人最早提出这个问题，并最早提出解法，所以称为"中国剩余定理"。又因为《孙子算经》最早给出解法，所以又叫做"孙子定理"。传说是韩信最早提出的，所以又叫做"韩信点兵"。

韩信点兵的算法，《孙子算经》上已有说明，后来还流传一首歌诀：

韩信不得志时，曾受惠于漂母，留下一饭千金的故事

图为郭诩《人物图册》之一《漂母饭韩信图》，作于 1503 年，上海博物馆藏。

（英文版维基百科提供）

三人同行七十稀，五树梅花廿一枝。

七子团圆正半月，除百零五便得知。

意思是说：三个三个地数，将剩下的余数乘 70；五个五个地数，将剩下的余数乘 21；七个七个地数，将剩下的余数乘 15。再将这些数加起来，如超过 105，就减去 105，如果仍大于 105，就再减去 105，直到得数比 105 小为止。这样，所得的数就是原来的数了。因此，韩信打的哑谜列成算式就是：

$2 \times 70 + 3 \times 21 + 2 \times 15 = 233$

$233 - 105 = 128$

$128 - 105 = 23$

至于这个算式背后的理论是什么？这是个数论问题，笔者哪有能力回答啊。

（原刊于《小达文西》2006 年 3 月号）

《算数书》的故事

　　1984 年出土的湖北省江陵县张家山第 247 号汉墓，墓主是位汉初的基层官吏，随葬的《算数书》，由六十八道应用题构成，是传世最古的数学文本之一。

　　公元前 186 年，现今湖北江陵地方的一位基层官吏死了。他原本是秦朝的官吏，秦亡后归附汉朝。他死后，或许出于他的意愿，家人将他的几本书作为陪葬品。

　　历经两千多年，那些陪葬的书籍竟然奇迹似的保存下来。1984 年，这位西汉基层官吏的墓被考古学家挖开，编号为江陵张家山第 247 号汉墓。那批陪葬的古籍因而出土，成为研究西汉初年的珍贵史料。

　　秦始皇采纳李斯的建议，禁止民间研究学问，即使是官方，也只能研究法律、医药、数学等实用方面的学问。人们要想学习实用的学问，也只能"以吏为师"。江陵张家山第 247 号汉墓出土的古籍，证实了史书上的说法。

　　战国、秦、汉的书大多是用竹简写的，用绳子（韦）编成册，再卷成束。出土时，那批陪葬古籍的韦编早已腐朽，竹简已经散开，呈黑炭状，必须细心地去除杂质，再根据出土时的位置、内容、竹简形制及字体，才能整理出头绪。

　　经过整理，张家山第 247 号汉墓陪葬的竹简有七部书：《历谱》《二年律令》《奏谳书》《脉书》《算数书》《盖庐》和《引书》，另有一部《遣册》，是随葬品清单。从这些书和内容，推断出墓主的可能身份。

这七部书中，价值最高的就是《算数书》。或许由于整理费时，数学史家痴痴等了十六年，才有机会一窥其庐山真面目。这部书共有一百九十枚竹简，每枚长约三十厘米，宽约零点六至零点八厘米。《算数书》让我们可以"直击"西汉的数学，知道西汉人怎么做数学？为什么做数学？

中国数学的圣经——《九章算术》，也是西汉编定的，但我们所能看到的文本，最早是宋代的。《算数书》却是真正的西汉文本。全世界超过两千年的数学文本不到五部，《算数书》的价值可想而知。

吕后玉玺

Underbar dk 摄，陕西历史博物馆藏（英文版维基百科提供）

　　《算数书》由六十八道应用题构成，大多和基层官吏的工作有关，例如分配、比例、利息、租税、体积、面积等。举个较简单的例子，第二十五题：

　　　　贷钱百，息月三。今贷六十钱，月未盈，十六日归，计息几何？（借人一百块钱，月息三块钱。今借人六十块钱，十六天就归还了，问利息多少？）

　　这个题目您应该会算吧？做西汉人的数学，真有趣！试试看吧。

（原刊于《小达文西》，2006 年 11 月号）

从看天到看海

天为什么发蓝？直到 1873 年英国物理学家瑞利提出散射理论，才解决了天色的秘密。至于海为什么是蓝色的，直到 1921 年才由印度物理学家拉曼给出答案。

太阳光以每秒将近三十万公里的速度，经过八分二十一秒的旅途，来到地球。我们看起来是白光的太阳光，其实是由红、橙、黄、绿、蓝、靛、紫七种色光所合成的。当阳光照射在一种物体上，如果七种色光都被它吸收了，看在我们眼里就成了黑色；如果七种色光都不被它吸收，换句话说，都被它反射了，看在我们眼里就成了白色；如果吸收了橙、黄、绿、蓝、靛、紫六种色光，而反射红光，看在我们眼里就成了红色。大千世界的五颜六色，都是这样形成的。

但是，太阳光射到地球上来的时候，还会碰到空气和悬浮在空中的小水珠（云），使得天空的颜色，经常展现新貌。天空的颜色，又影响地面的颜色，于是大自然的色相就更富变化了。

晴天的时候，阳光不受云雾阻挡，从空气分子的空隙间射过来，看在我们眼里，就成了耀眼的白光。但是，也有很多光线，会碰到空气中的氮分子或氧分子，引起散射作用，蓝光的波长最短，散射得最厉害，看在我们眼里，就成了蓝色的了。

这个道理看起来好像很简单，但是人类明白这个道理是 19

世纪末叶的事了。1873 年，英国物理学家瑞利（John Strutt，3rd Baron Rayleigh）是第一位看天看出名堂的人。他的散射理论，使我们了解了"天色"的秘密。

在阳光的七种色光中，红、橙、黄光的波长较长，蓝、靛、紫光的波长较短。所谓波长，就是两个波峰间的距离；而波峰，是指物质振动最大的地方。举个例子来说，当我们扔一块石头到水里，会激起一圈圈涟漪；两圈涟漪间的距离就是波长了。当然啦，光波的波长比涟漪的波长短得多了，波长最长的红光，不过十万分之七、八厘米，蓝光不过十万分之四、五厘米而已。

瑞利发现，散射不会改变射入光的波长，只会改变射入光的方向。那么散射又怎么会造成天空的各种颜色呢？是这样的，散射的作用截面既与散射粒子的大小有关，也与被散射光的波长有关。空气中的氧分子、氮分子，大小恰好可以散射波长较短的蓝光，蓝光散了一天，天空当然呈蓝色了。

到了傍晚，夕阳西下，阳光从斜里射过来，较接近地面，而地面的空气含有较多的灰尘，粒子比氧分子、氮分子大得多了，较容易散射波长较长的红光、橙光或黄光，艳丽的晚霞就是这样散射出来的。

如果天上漂浮着小水滴，也就是云，那又是另一种景象。小水滴比灰尘大得多，各种波长的

瑞利像

（维基百科提供）

色光都能被它散射，结果，云就成了白色的了。如果云层较厚较密，阳光穿不过去，就变成了灰色或黑色。白云苍狗，不过是阳光玩的把戏而已！

当云聚成雨滴的时候，颗粒就更大了，大得具有棱镜的作用。倘若一边已经出太阳，一边还在下雨，阳光穿过雨滴就是我们所看到的虹了。喷泉和瀑布上也可以出现虹，原理是一样的。

阳光射到地面，变出更多颜色。姹紫嫣红，无非是光线被吸收或反射所表现出的面貌而已。有些东西，在阳光照射下，会折射出它本身全然无关的颜色。像是台北郊区常见的大琉璃纹凤蝶，后翅上有两块暗绿色的大圆斑，大概有小拇指的指甲盖大小。在阳光照射下，那块圆斑会变成宝蓝色，闪烁着金属光泽。

阳光照到水里，又是一番景况。不知道大家有没有注意过，较深的水都是蓝色的。王勃在《滕王阁序》里就有"落霞与孤鹜齐飞，秋水共长天一色"的名句。水原本是透明无色的。水分子的大小可让波长较长的红色绕过去，而波长较短的蓝光被散射，所以较深的水大多是蓝色的。而水越深，散射、反射的蓝光就越多，看起来就越蓝了。

当然啦，如果水中泥沙太多，像黄海；或有大量藻类，像红海，水不论有多深，都不会是蓝色的。所以王勃要强调"秋水"，长江的水，到了秋季，既充沛又干净。

同样是水，为什么海是蓝的，而浪花却是白的？透明无色的江水，为什么"惊涛拍岸"后，就会卷起"千堆雪"？道理很简单，所谓浪花，其实就是小水滴，可以散射各种波长的光，所以浪花就和白云一样，变成白色的了。

就像看天一样，人类真正懂得看海也是晚近的事。六十多年

前，印度土生土长的物理学家拉曼（Sir Chandrasekhara Raman），
从印度搭船到英国去。天连海、海连天的景况，使他悟出，海水
和天空的颜色，都是光线散射所
造成的。1921年，拉曼在英国
《自然》杂志上发表了一篇论文，
提出他的散射理论，题目是《海
的颜色》。古今中外，多少人有
过"看海的日子"，却只有拉曼
独具慧眼，看出别人看不到的
东西。

拉曼像
（维基百科提供）

　　1930年，拉曼得到诺贝尔物
理学奖，这是印度的一大光荣。
我们华人也有几个人得过，但是
他们都入了外国籍，又是外国人
训练出来的，就意义上来说，比
拉曼差得多了。不知道要到什么时候，我们也能自己培养出诺贝
尔奖得主来。

（原刊于《中央日报》1983年元月21日）

从天灯到热气球

天灯是中国发明的；1783 年 6 月 4 日，法国的蒙哥尔费兄弟首次完成热气球升空实验；本文叙说从天灯到热气球的历史。

大约从 1991 年起，台北县平溪乡十分村的元宵节天灯施放活动，就成为媒体的焦点。为了迎接千禧年，2000 年元旦，平溪乡乡民胡民树先生制作一盏超大型天灯，高达十八点九八米，打破吉尼斯世界纪录。灯上写着"Keep Going Taiwan"、"Peace"和"台湾加油"的巨大红字，巨型天灯冉冉升空的画面，随着全球电视守岁活动，经过七十几国的电视连线，进入八亿多位观众的眼帘。

天灯又叫作孔明灯，传说是蜀汉宰相诸葛孔明南征时发明的，用来传递军事信号。中国人有个习惯，常把科技发明推给古人，其中两位古人"发明"的东西最多，孔明是其中之一，另一位就是汉民族的共同祖先黄帝。孔明发明天灯的说法，我们姑妄听之，不必认真。

中国的许多科技发明，都是由一代代的无名氏共同完成的，根本就找不出原创者是谁。以四大发明来说，除了改良造纸的蔡伦，您能确切地说出发明者是谁吗？天灯也是如此，我们连什么时候开始有天灯都不知道，又怎么知道是谁发明的！

天灯其实就是原始的热气球，天灯和热气球的升空原理很简单：热空气的密度较小，较同体积的冷空气轻，将天灯或气球中的空气加热，或灌进热空气，岂不就像装上氢气一样，因为浮力的关系而升空了吗？

天灯的历史已难查考，但热气球的历史却十分清楚。1783 年 6 月 4 日，法国的蒙哥尔费兄弟（Montgolfier brothers）首次完成热气球升空实验。同年 9 月 18 日，兄弟俩制作了一个更大的热气球，在凡尔赛宫广场表演，把一只绵羊、一只公鸡和一只鸭子送到空中。10 月 15 日，进一步完成载人升空的壮举。历史学家齐尔登上热气球的吊篮，升空约二十五公尺，为了保险，还用一根长绳子拴住。这年 11 月 21 日，齐尔又与一位侯爵搭乘蒙哥尔费兄弟的热气球升到九百米，飞过巴黎上空，在九公里外落地，实现了人类的飞行梦想。

蒙哥尔费兄弟发明热气球之后，西方学者一直认为：西方人发明热气球，是因为他们自古就有一种蛋壳升空游戏，方法是把蛋壳打个小孔，倒出里面的蛋白、蛋黄，烤干，再注入一点儿水，然后用蜡把小孔封住，放在烈日下曝晒，蛋壳就会变轻，甚至随风升飘到空中。它的原理是：蛋壳晒热，水蒸气从蛋壳的气孔外散，壳内空气的密度因而变小，遇到风自然就飘起来了。

然而，早在公元前二世纪，《淮南外万毕术》就有"艾火令鸡子飞"的记载，注："取鸡子，去其汁，燃艾火，内（纳）空卵中，疾风因举之飞。"这和热气球的原理岂不更为接近？看来中国才是热气球的发源地呢！《淮南子》是西汉淮南王刘安率领门客编写的，《汉艺文志》："淮南内二十一篇，外三十三篇。"颜师古注："内篇论道，外篇杂说。"外篇早已失传，但有不少资料收录在其他书中，上引资料载《太平御览》卷九二八"羽族部"，另外在卷七三六"方术部"也有记载。

1783 年 6 月 4 日，蒙哥尔费兄弟在法国南部阿诺奈
（Annonay）首次演示热气球版画

（维基百科提供）

研究中国科技史的权威学者李约瑟博士经过缜密思考，终于下了结论：热气球是中国人发明的。原因是中国人很早就发明了纸，因而很早就有了轻巧的纸制灯笼。当灯笼顶部的开口较小，而光与热又较强时，灯笼就会有上升的趋势。人们受到启发，于是会自己升空的灯笼——天灯，就诞生了。

李约瑟又说，中国的很多发明，都是蒙古西征时传到欧洲去的。根据西方史书记载，1241 年，打到欧洲的蒙古人，曾经使用天灯作信号，这或许才是热气球理论的源头吧？

远在蒙哥尔费兄弟发明热气球之前一两千年，中国人就发明了天灯，可惜中国人缺乏蒙哥尔费兄弟般的冒险精神，只知道用来做游戏，或用来传递讯号，从来没想过用来载人，说来怎能不令人扼腕？

（原刊于《经典》2003 年 1 月号）

冯·布劳恩和V2

冯·布劳恩领导设计 V2 火箭，堪称飞弹之父。第二次世界大战结束时被美国俘获，主导 NASA，阿波罗登月计划就是他的杰作。

飞机和火箭都携带大量燃料，飞机必须吸入空气，利用空气中的氧气驱动引擎；火箭自备氧化剂，利用燃料和自备的氧化剂燃烧。这是火箭与飞机最大的区别。太空没有空气，所以太空旅行必须仰仗火箭。

火箭是中国人发明的。大约从宋代起，中国人就用火药制作娱乐用的"起火"（冲天炮）。元明之际，火箭已用于军事，明代更研制出两节火箭（子母箭），第一节燃料用罄，第二节续飞，技术相当先进。明初有位万户（官名），在椅子上绑上四十七支火箭，双手各拿一个风筝，企图借着火箭的冲力升空，再借着风筝降落，可惜一点火就被炸死了。这位万户成为首位"载人火箭"的牺牲者。

俗语说，需要是发明之母，曾有很长一段时间，火箭受到冷落，主要是飞机的发展一日千里，不论是民用还是军用，成效都能立竿见影。火箭呢？太空旅行遥不可及，军事用途被飞机、火炮取代。火箭的突破性发展，是第二次世界大战以后的事。

1944 年 6 月 6 日，盟军在法国诺曼底半岛登陆，开辟第二战场，德国为了扭转预势，于 6 月 12 日向伦敦发射第一枚 V1 飞弹。V1 使用涡轮引擎，可说是一种遥控无人飞机，它的飞行速度并不快，不少被拦截机和地面炮火击落。然而，这年 9 月 8 日，德国开始用 V2 飞弹攻击伦敦，英国对它完全没有防卫能力。

V2 是世间第一枚大型火箭。与 V1 不同的是，它是垂直发射的，穿过大气层，在无线电导引下，以抛物线袭向目标。所以一经发射，便无法拦截，唯一的防御办法，就是破坏其发射基地，至今这仍是对付飞弹的主要方法。

V2 由冯·布劳恩博士（Wernher von Braun，1912—1977）率领的团队负责研制，长约十四公尺，重约十三公吨，使用酒精和液态氧作燃料，时速可达五千六百三十公里，射程约三百二十公里。德国曾发射四千三百二十枚 V2，其中一千一百二十枚攻击伦敦，二千五百枚攻击欧洲大陆目标，其余用于训练和试验。

左手打石膏者，即被俘时的冯·布劳恩，摄于 1945 年 5 月 3 日

（维基百科提供）

V2 飞弹试射，1943 年 6 月 21 日于德国东北部的 Peenemünde 试射场，摄于起飞后 4 秒

（维基百科提供）

冯·布劳恩生于东普鲁士，出身贵族家庭，父母都有欧洲王室血统，其父为魏玛共和国时期的农业部长。1930 年，冯·布劳恩进入柏林工业大学，两年后毕业，1934 年获洪堡大学物理学博士学位，博士论文即为有关液体火箭发动机的研究。就在这一年，纳粹上台，火箭列为国家重点项目，1937 年冯·布劳恩成为实验基地技术部主任，领导设计 V2 火箭。1938 年加入纳粹党，并进入党卫军，具有少校军衔。

战时冯·布劳恩曾设计过一种两节火箭，代号 A-9/A-10，重八点六吨，长二十二点四米，可以越过大西洋攻击美国。但在原子弹发明之前，这种造价高昂的飞弹用于军事并不合算，所以纳粹德国在败亡前并未进行研制。

德国战败后，纳粹飞弹科学家大多被苏联俘获，但冯·布劳恩博士"投效"美国，成为美国的太空计划之父。美苏也都取得若干 V2 飞弹，苏联还取得工厂设施，对日后发展助益甚大。

战时德国的火箭、飞弹研究独步天下，盟军乏善可陈。德国的战俘对美苏的火箭、飞弹研发具有关键作用。记得读大学时在外文杂志上看过一幅漫画：美、苏的人造卫星在太空相遇，打招呼说的是德语 Wie geht es Ihnen?（How are you?）那时我选修德文，所以看得懂这幅漫画的幽默。

（摘自《与您谈太空探测》，原刊于《白话科学——原来科学可以这样谈》，开学文化，2015 年 2 月出版）

谈谈纳米科技

> 纳米是个长度单位，即十亿分之一米。如果将地球缩小成十亿分之一，将变成玻璃弹珠大小！随着扫描穿隧显微镜的发明，人类已真正进入纳米世界。

纳米（nm）是个长度单位，即 nanometer 的音译，具体地说，就是十亿分之一米。光看数字，您可能想象不出纳米有多小，那就来打个比方吧：如果将地球缩小成十亿分之一，将变成玻璃弹珠大小！

首先提出纳米科技观念的，是美国天才物理学家费曼（Richard Phillips Feynman，1918—1988）。1959 年 12 月 29 日，他在美国物理学会的年会演讲，讲题是"There is Plenty Room at the Bottom"，直译"底下还有广大空间"，意译"往下大有可为"。他说："何不把二十四卷的《大英百科全书》写在一个针尖上呢？"经过计算，这是绝对可能的，只要将每个字缩小

费曼，1984 年摄于麻萨诸塞州沃尔瑟姆城，其时费曼正在研究人工智能

（德文版维基百科提供）

二万五千倍就行了。他还预言，人类将可操控原子、分子大小的东西，他说："我看不出，不能做成直径十至一百个原子的金属线。"费曼的这场演讲，可说是纳米科技的滥觞。

1962 年，日本物理学家久保亮五提出一个理论：对于超微粒子，古典物理理论已不敷使用，量子效应已成为不可忽视的因素。科学家了解到，物质在纳米尺度下，物理、化学性质和巨观尺度会有不同。例如，铜导电，但纳米尺度下的铜不导电；瓷易碎，纳米尺度下的瓷可以弯曲……

1974 年，谷口纪男创用"纳米科技"一词，描述"次微米机械加工"，也就是用极精密的机械加工，制成次微米级（比微米还小）的机器。同一年，美国 IBM 的德莱克勒（Kim Eric Drexler）提出"分子与原子级机械"，也就是用单一的分子或原子作为元件，组装成机器。这些观念当时都只是理论，当时的正统科学家都认为，在可预见的未来，不可能成为事实。

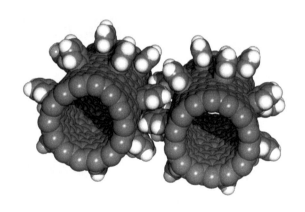

美国太空总署以计算机模拟的分子齿轮

（维基百科提供）

　　然而，时代进步太快，过去认为不可能的事，不旋踵就成为事实。人类要控制、操作纳米结构，第一步要先看到它。1982年，IBM 的德籍物理学家宾宁（Gerd Binning）和瑞士籍物理学家罗雷尔（Heinrich Rohrer），研制出第一台扫描穿隧显微镜（简称STM），可以看到金属表面的原子排列，从此人类真正进入纳米世界。

　　STM 只能看到金属原子，1986 年，宾宁的团队又进一步发明原子力显微镜（简称 AFM），可以看到非金属的原子排列，使纳米科技又向前迈进一大步。

　　1990 年，IBM 的研究员艾格勒（Donald M. Eigler），在低温下利用 STM 将三十五个氙原子，在镍板上排出"IBM"三个英文字母，这是人类第一次依照自己的意志，操作原子，从此单一原子可以移走，也可以置于另一处。2013 年，IBM 研究团队操控六十五个一氧化碳分子，拍摄出二百四十二张图片，组合成约一分钟的动画短片《A Boy and His Atom》，在 YouTube 上公布，媒体竞相报导，成为轰动一时的新闻。

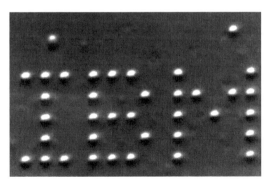

艾格勒以 35 个氙原子所排出的 IBM，每一圆点即一氙原子

（维基百科提供）

1991年，艾格勒等完成"原子开关"实验，纳米机械已不再是梦想，以纳米材料所组装的元件，不仅体积小、速度快，而且成本低。相信不久的将来，纳米级的机械就可成为事实。

（摘录自《与您谈奈米科技》，原刊于《白话科学》，

2015年2月出版）

烟火追追追

火药是中国发明的，烟火也始自中国；大约北宋时，各种中式烟火已经齐备。本文叙说中式烟火，也叙说西式烟火，无异是一堂烟火的科普课。

每年国庆，各大都市都会施放烟火。烟火弹在高空爆炸，开出各种颜色、式样的火花，将天空妆点得无比灿烂，为纪念活动带来高潮。

烟火会有各种颜色，是因为在火药中加入了盐类。举例来说，加入钠盐会产生黄色，加入锶盐会产生红色，加入铜盐会产生蓝色，加入钡盐会产生绿色。读者可以做个实验：用镊子夹点食盐（一种钠盐）在火上烧，看看火焰呈什么颜色？

火药是中国发明的。大约唐朝初年（7世纪），炼丹的道士们无意中发现，硝石、硫黄和木炭放在一起，燃烧时会引发猛烈的火焰，经过多次尝试，火药就发明了。

有了火药，接着就有了烟火。经过两三百年的发展，到了北宋（11世纪），现有的各种鞭炮和中式烟火已一应俱全，甚至有了高难度的架子烟火。

中式烟火主要分为三类：起火、太平花和架子烟火。起火现称冲天炮，可说是原始的火箭。太平花现称"胜利火花"，大号的能喷好几丈高，画着弧形铺满一地。架子烟火有好几种，其中一种称为"花盒子",是将"药绳"按照设计好的图案盘在高架上的纸盒子里,一经点燃就会出现亮眼的图案。这种烟火可以一层层地"放映",甚至可以演出一段戏剧。可惜这种烟火现在可能已失传了。

《金瓶梅》第四十二回,叙说西门庆命人将烟火架子抬到街心,是一种将鞭炮、起火、太平花和花盒子架在同一个架子上的烟火。点着后只见:

> 一丈五高花桩,四周下山棚热闹。最高处一只仙鹤,口里衔着一封丹书,乃是一枝起火,一道寒光,直钻透斗牛边。然后,正当中一个西瓜炮迸开,四下里人物皆着,膘剥剥万个轰雷皆燎彻。彩莲舫,赛月明,一个赶一个,犹如金灯冲散碧天星;紫葡萄,万架千株,好似骊珠倒挂水晶帘。霸王鞭,到处响亮;地老鼠,串绕人衣。琼盏玉台,端的旋转得好看;银蛾金弹,施逞巧妙难移。八仙捧寿,名显中通;七圣降妖,通身是火。黄烟儿,绿烟儿,氤氲笼罩万堆霞;紧吐莲,慢吐莲,灿烂争开十段锦。一丈菊与烟兰相对,火梨花共落地桃争春。楼台殿阁,顷刻不见巍峨之势;村坊社鼓,彷佛难闻欢闹之声。货郎担儿,上下光焰齐明;鲍老车儿,首尾迸得粉碎。五鬼闹判,焦头烂额见狰狞;十面埋伏,马到人驰无胜负。总然费却万般心,只落得火灭烟消成煨烬。

中国人发明的火药,大约14世纪传到西方(欧洲)。经过几百年的发展,西方人发展出高空烟火。到了19世纪末,高空烟火传到日本，再经由日本传到中国，所以国人曾经把高空烟火称为"东洋烟火"。

《金瓶梅》第四十二回"放烟花图"版画，显示明、清时架子烟火的施放情景

前面说过，高空烟火的烟火弹要用臼炮打到天上。因此，所谓烟火弹，其实是个纸壳炮弹。这个纸壳炮弹的中央，填充着掺上稻糠的火药（使它爆炸不致过于猛烈）。纸壳的内壁，排列着用火药和发色剂调成的丸状"光珠"。当烟火弹射到高空，定时引信引起爆炸，光珠随之起火，向四面八方迸裂，于是就形成了我们所看到的烟火。

如果大烟火弹中套着小烟火弹，会分两次爆炸，形成两个同心圆状烟火。如果烟火弹分成更多层，就会形成更复杂的图案。

高空烟火可供很多人观赏，最适于庆典施放。中式烟火只能供少数人观赏，现在大型庆典已很少用了。

（原刊于《小大地》2001 年 10 月号，经增补而成此文）

豆腐和酱油

> 豆腐据说是淮南王刘安发明的，迟至宋代已成为市井小
> 民的食品；酱油约出现于魏晋南北朝，到了唐代才开始普遍。

大豆原产中国，古人称为"菽"，是五谷（稻、麦、黍、菽、
稷）之一。大豆可制成豆豉、豆酱、酱油和豆腐，其中豆腐和酱
油是中国的重大农业化学发明。

大豆含有丰富的蛋白质，经过发酵，析出氨基酸，不但营养，
更有特殊的鲜味。以大豆制豆豉，可能始于战国。豆酱至迟出现
于东汉。酱油约出现于魏晋南北朝，到了唐代才开始普遍。

《论语·乡党》说孔子"不得其酱不食"。孔子在世时，豆豉、
豆酱和酱油还没出现，他老人家所吃的酱，主要是芥酱和各种醢，
如肉酱、蛤酱、鱼酱等。各色各样的酱，和各种食物搭配，久而
久之就约定成习，甚至形成一种"礼"，随意搭配非但不合味，也
显得粗野不文。这或许就是"不得其酱不食"的真义。

豆豉、豆酱和酱油出现后，先秦的各种酱，逐渐走入历史。
使用酱油，是中国菜的特色之一。在宋代以前，烹饪以蒸、煮、
炸、烤为主，酱油主要作为蘸料，和现今的日本料理差不多。到
了宋代，铁锅开始普遍，"炒"成为常用的烹饪方法，酱油成为入
味的作料。大量使用酱油的"红烧"，可能也是由宋代开始的，东
坡肉就是个典型的例子。

　　将大豆磨碎，滤除渣滓，就成为豆浆。豆浆是一种胶体，加入电解质（如石膏、盐卤），就会产生凝析作用。以压榨的方法去除多余的水分，如压榨较轻，就成为豆花（北方称为豆腐脑）；如压榨较重，就成为豆腐。豆腐再经进一步压榨，可制成豆腐干。豆腐干经过发酵，可制成豆腐乳等食品。

豆腐、豆腐干、豆腐皮、油豆腐等豆制品，Anna Frodesiak 摄于海南岛海口市
（维基百科提供）

　　豆腐据说是淮南王刘安发明的，至今仍是豆腐业的行业神。最早的记载见五代谢绰的《宋拾遗录》："豆腐之术，三代前后未闻有此物，至汉淮南王始传其术于世。"刘安（淮南王）是道家人物，水法炼丹时偶然发明豆腐不无可能。也有人认为豆腐起源于唐末或五代。到了宋代，豆腐已极普遍，南宋吴自牧《梦粱录》

卷十六"酒肆"一节里写道："更有酒店兼卖血脏、豆腐羹、燷螺蛳、煎豆腐、蛤蜊肉之属，乃小辈去处。"可见南宋的临安，豆腐羹（可能指咸豆浆）和煎豆腐已成为市井小民的食品。

　　酱油和豆腐很早就传到韩国和日本，传到西方是 19 世纪末的事。到了 20 世纪后半叶，西方人已普遍接受了酱油和豆腐，特别是豆腐，更被视为典型的中国食品，他们音译为 tofu，麻婆豆腐已成为风行世界的一道中国佳肴。

（2016 年 7 月 17 日）

辑二

生物类

万物生于有，有生于无

　　古时不论东方或西方，都认为生物可以自然发生，到了
19 世纪才证实生物必定源自生物。然而早期的地球呢？本文
叙说这段正反合的认知过程。

　　科学未发达之前，任何民族都相信生命可以由没有生命的东
西变成。这种说法，称为"自然发生说"。西方大哲亚里斯多德
（公元前 384—前 322）也不例外。

　　亚里士多德著有《动物志》，对动物的生殖观察入微，如已观
察到鲨鱼是卵胎生的等等，但对于较低等的动物，却认为它们没
有亲代，直接由泥沙产生。

　　亚里士多德也观察过鳗鱼，认为鳗鱼是由泥土变成的。事
实上，鳗鱼游到远洋产卵，幼鱼呈柳叶状，形态和成鱼完全不
同，当它们漂流到河口，才慢慢变成鳗鱼的样子。古人哪看得出
来啊！

　　不论中西，都认为肉类一旦腐烂了，就会自自然然地长出蛆
来，人们对此深信不疑。

　　西方文艺复兴以后，学术一日千里，到了 17 世纪，更发展
出启蒙运动，一些传统的观念受到挑战。1688 年，意大利医师雷
迪（Francesco Redi），做了一个简单的实验：他用四个广口瓶，分
别置入鱼、鳗、死蛇和牛肉，然后把瓶口封住；同时又另取四个

广口瓶，分别装进同样的东西，但并不封口。过了一段时间，没封口的瓶子由于苍蝇进进出出，都长出蛆来；封口的瓶子苍蝇进不去，所以没有长蛆。雷迪因而得出结论，腐肉本身并不会长蛆，蛆是苍蝇的卵孵化出来的。

雷迪的结论称为"生源说"，意思是说，生命一定来自生命，不可能由无生命的东西产生。雷迪的实验简单明了，问题似乎已经解决，再也不需讨论。然而，差不多同时，荷兰人雷文霍克用自制的显微镜发现了微生物。面对那些奇妙的细菌、藻类和原生动物，人们不禁大惑不解，这些小生命是怎么来的？是不是自然发生的？

到了18世纪，人们发现，把干草浸入水中，几天后就有微生物出现。要是把浸汁煮沸，杀死微生物，几天后浸汁中仍可找到它们的踪迹。相信自然发生说的人认为，是自然发生的；但相信生源说的人认为，煮沸过的浸汁会产生微生物，是因为空气中含有微生物的孢子。争论并未画下休止符。

到了19世纪后半叶，自然发生说和生源说仍在争执不休。1859年，主张自然发生说的法国博物学家布歇（F. A. Pouchet）做了一个实验。为了证明浸汁中的微生物并非来自空气，他在实验室里自己配制空气，又用氢、氧燃烧制成水分，结果浸汁中仍然出现了微生物！看来自然发生说占上风了。

这时大科学家巴斯德也加入论战。巴斯德认定，要是空气中没有孢子，浸汁中就不会出现微生物。为了证实他的想法，他将瓶中的浸汁煮沸，趁热将瓶口烧成鹅颈状，有的瓶口封死，有的弯曲处灌上水，隔绝外面的空气。过了四年，也就是1864年，他把这些瓶子交给仲裁委员会。审查结果，完全隔绝空气的果然没有细菌。委员会宣布，巴斯德获胜，一场扰攘了近两百年的争论终于有了结论。

巴斯德的实验，证实生命一定源自生命。然而，最初的生命是哪来的？地球约形成于四十七亿年前，刚形成时是一团炽热的火球，后来才慢慢冷却。因此，如果生源说属实的话，最早的生命只能解释成外太空来的，瑞典的阿伦尼乌斯（Svante August Arrhenius）倡导这个说法最力。

宇宙飞来说认为，微生物的孢子能够耐受极恶劣的环境，随着陨石到达地球，经由演化，而成为芸芸众生。然而，宇宙飞来说有一个基本矛盾，就是它只能解释地球上的生命起源，不能解释所有生命的起源。如果地球上的生命是外太空来的，那么外太空的生命又是从哪来的？

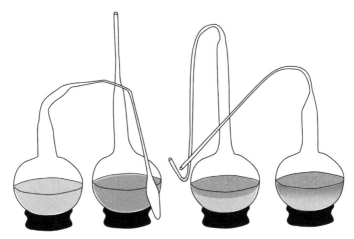

巴斯德鹅颈瓶实验示意图

完全隔绝空气者（左一）未变质，弯曲处有水珠阻挡者（左三）稍稍变质，
开口朝上者（左二）变质最严重，曲颈开口者（左四）次之
（彭范先绘）

现今一般科学家相信，早期的地球和现今大不相同，在当时

的条件下，自然发生是可能的。

第一位提出地球上曾经有过自然发生的科学家，是俄国生物学家欧帕林（Ivanovich Oparin），他认为生命的自然发生必定经历三个过程：（一）简单有机物的发生，（二）蛋白质的发生，（三）其他代谢物的发生。也就是说，经由自然发生，碳、氢、氧、氮等合成简单的有机分子，进而合成较复杂的有机分子，再进一步合成原始的细胞。

英国的哈尔丹（John Burdon Sanderson Haldane）汲取化学与天文学知识，认为早期的大气中充满了氢、氨和甲烷，氢和这些有机物，就成为自然发生的基本原料。至于自然发生所需的能量（任何化学反应都需要能量），不外两方面：太阳能和闪电。早期地球没有氧气，太阳辐射不经过滤，直接照射地面；早期地球没有微生物，不会引起变质或腐化。在这样的环境下，原始有机物合成的概率相对提高。

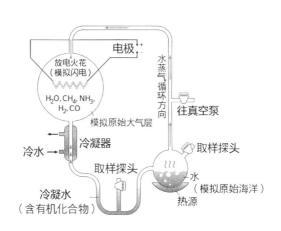

米勒—尤雷实验示意图

Yassine Mrabet 绘制，Caiguanhao 译

（维基百科提供）

在原始海洋中，自然合成的有机物逐渐累积，彼此互相碰撞，更增加了反应的机会。有机分子经过长期演化，逐渐变大、变复杂，当蛋白质和核酸聚在一起，并裹上一层外膜时，原始细胞就出现了。

模拟早期地球的科学家，最有名的是美国的米勒（Stanley Lloyd Miller）。1953年，与其师尤列（Harold C. Urey，1934年获诺贝尔化学奖）将甲烷、氨、水蒸气和氢导入特殊装置中，在高频放电火花中处理一星期，经过分析，溶液中含有甘氨酸、丙氨酸，是蛋白质中最常见的氨基酸。溶液中还有甲醛，它是糖类的先驱物。

美国科学家长尔文（Wendy M. Calvin）用 γ 射线作用上述四种气体，除了产生氨基酸，还产生了构成核酸的嘌呤和嘧啶。这些模拟早期地球环境的实验，都指向一个共同结论：生命诞生于地球，起初是自然发生的。

这个结论也印证了老子的话："天下万物生于有，有生于无。"（《老子》下篇第四十章）

（摘自《生命》第七章，《生命》1975年6月出版）

众生化育说从头

鸡蛋可以孵化出小鸡，是鸡蛋中原本就有一只具体而微的小鸡？还是原本一无所有，后来才慢慢变成小鸡？本文以简要的文字，叙说这一生物学上的公案。

一个受过精的鸡蛋，孵化二十一天，就可以变成一只小鸡。在鸡蛋的时候，浑浑沌沌，但是孵成小鸡后，却五脏六腑一应俱全，成为一个道道地地的小生命。

对于神秘难解的自然现象，一般人不会深究，但是一些智慧高超的先哲们，在惊羡造物之余，却会往深一层思考。公元前300年顷，亚里士多德提出两个学说来解释这个问题。第一个学说认为，受精卵中本来就有一只具体而微的小生命，只是形体太小，我们看不出来。第二个学说认为，受精卵中原先并没有一只具体而微的小生命，小生命是由受精卵里的物质渐渐发育而成的。前者称为先成说，后者称为新生说。

差不多在同一时代（或稍后），我国

哈特索克（Nicolaas Hartsoeker），荷兰数学家和物理学家。约1694年，发明以螺旋调整焦距的显微镜。哈氏以显微镜观察人类精子时，自称看到精子内有一个具体而微的小人。图为哈氏所绘人类精子素描

（维基百科提供）

的一些哲人也提出"卵有毛"等命题（见《庄子·天下》）。提这类命题的人很容易被视为诡辩，所以当时的人称他们为"辩者"。其实，"卵有毛"就是亚里士多德的先成说。辩者们的意思是说：要是卵中没有羽毛，小鸡的羽毛又从哪里来？

辩者们喜欢争辩问题，既然有人提出先成说，一定会有人提出新生说来反驳他们，可惜《天下》篇只记下先成说的命题，没记下新生说的命题。但根据情理推断，当时先成说与新生说的争辩一定相当热烈。

亚里士多德与我国辩者之后，这个问题就导入玄学与宗教层面上去。在欧洲，基督教得势，一切自然现象的解释皆以教义为依归。在我国，阴阳五行之道盛行，玄学统摄一切，对于生命的解释，亦大多不知所云。

文艺复兴之后，古希腊的成就重新受到注意，亚里士多德的先成说与新生说也被人提出来讨论。当时有人赞成先成说，有人赞成新生说。一般来说，生物学家鉴于器官的发生从无到有，大多主张新生说；其他学科的学者则根据逻辑上的推演，大多主张先成说。先成乎？新生乎？这个生物学上的老问题一直没有答案。

但是时代不断进步，不论怎么困难的问题，也有豁然开朗的一天。1888 年，德国动物学家罗克斯（Wilhelm Roux）做了一个简单的实验，他将完成第一次分裂的蛙卵（这时受精卵一分为二），用针刺死其一，结果未遭针刺的细胞，只能发育成半个胚胎——有时是头、有时是尾，有时是左半部、有时是右半部。

罗克斯的实验，意味着个体在受精卵的时候，就预先决定好了。如果两个细胞中有一个是预备发育成左半身的，那么这个细胞就只能形成左半身，不能形成右半身。因此，根据罗克斯的实验来看，先成说似乎较为接近事实。

由于罗克斯的实验极为有趣，所以有很多人步他的后尘，用种种材料，做类似的实验。其中最值得一提的是德国生物学家和哲学家德里希（Hans Driesch）。他用海胆的受精卵做材料，当受精卵分裂成两个细胞时，他将其中之一切除，结果剩下的一个仍能发育成正常的海胆。因此，德里希主张新生说较为正确。

罗克斯与德里希展开一场论战，许多科学家出来当证人——重复他们的实验，发现两个人都对也都不对。当蛙卵分裂成两个细胞，刺死一个后，剩下的一个虽然多数只能发育成半个胚胎，但仍有少数发育成正常的蝌蚪。德利希的海胆受精卵实验也是一样，去除一个后，剩下的一个有时也会形成半个胚胎。

至此，先成说和新生说的争论仍然不见分晓。先成说的最大弱点是，与胚胎发育过程不符；新生说的最大弱点是，对于胚胎的发育，无法作神学以外的解释。

如果依照新生说的说法，生命是受精卵一步步发育而来的，那么是谁在指导这个发育过程？相信先成说的人认为是上帝；也就是说，相信必然有个至高主宰。然而，自19世纪以降，生物学家已逐渐扬弃了生机论，相信生物的种种活动，都遵循一般的物理、化学原理原则，并没有什么神秘之处。胚胎的发育虽然微妙、复杂，但也绝不是"神者难明"。难以明白的可能是生物学还不够发达，无法窥破生命的底蕴。

1924年，德国胚胎学家斯皮曼（Hans Spemann）将蛙胚胎外胚层上日后变成神经管（神经系统先驱）的部分切下，放在培养皿中培养，发现这块切下来的外胚层虽然可以存活，但不能发育成神经管。斯皮曼想：为什么这片组织在胚胎上可以发育成神经管，离开胚胎就不行了呢？外胚层下有一层中胚层，是不是中胚层刺激了外胚层，使之发育为神经管？他又做了几个更精巧的实验，证明他的推论是正确的，即中胚层可以"诱导"外胚层形成神经管。

此后科学家又做了许多实验，证明胚胎的各个部分都会互相影响。相信新生说的人认为问题已经解决，但相信先成说的人认为，"新生"只是一个形之于外的现象，这个现象的蓝图仍是"先成"的。

第二次世界大战以后，现代生物学兴起，基因的奥秘既经阐明，其他的枝节问题也就迎刃而解。生命者无他，不过是基因谱成的一出戏剧而已。个体的发育固然是"新生"的，但生命始自受精卵，个体的遗传资料在受精的一刹那就决定好了，日后的发育，完全受"先成"的基因所控制。因此，"先成"也不能说不正确。两者都没错，错的是从前知识不足，看不到问题的根本。

现代生物学告诉我们，基因的复制是恒定的。一个生物的所有细胞，所含的遗传资料都和受精卵完全相同。因此，在生命的逻辑上，细胞是部分，也是全体。1968 年，英国生物学家戈登（John Gurdon）所做的实验更说明了先成说与新生说的争辩毫无意义。戈登以紫外线将蟾蜍未受精卵的细胞核破坏，然后植入同种蟾蜍的肠黏膜细胞核，结果竟如正常的受精卵一样，发育成一只完好的蝌蚪！

肠黏膜细胞是"新生"的，但移植到细胞核已遭破坏的未受精卵里，却能像受精卵一样，经过一定的步骤，发育成一个成体。是先成还是新生？用传统的模型来衡量，就要大费周折了。

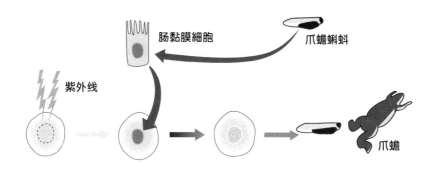

肠黏膜细胞 爪蟾蝌蚪

紫外线 爪蟾

戈登非洲爪蟾复制实验示意图,
戈登因这项研究荣获 2012 年诺贝尔生理学或医学奖

（彭范先绘）

在洞悉生命底蕴的现在，揽镜自照，更添加了一份额外的苍凉感。我多么希望能生活在知识未开的时代，当我看到一只小鸡从蛋壳里钻出来时，能为它思量，为它遐想……

（原刊于《读书人》1978 年 3 月号）

从学习到望梅止渴

　　本文以"望梅止渴"等四则古书记载，说明国人早已知道心理学上的制约反应，可惜未能归纳出原理、原则，也就未能成为一门学问。

　　在心理学上，将学习定义为"经由经验所产生的行为改变的过程"。心理学将学习分为几类，其中之一就是制约反应，亦即动物经过训练以后，会产生一定的"联想"，因而产生一定的行为。最有名的例子就是巴甫洛夫的制约实验。巴氏每次喂狗的时候就摇铃铛，久而久之，即使只摇铃，不喂狗，狗也会流口水。巴氏称第二刺激——铃声，为制约刺激，对制约刺激所产生的反应，即为制约反应。

　　巴甫洛夫是俄国人，生理学家，于 1904 年荣获诺贝尔生理学或医学奖。他在 20 世纪初所做的一系列实验，首次为学习研究奠定生理学基础，在科学史上具有泰山北斗般地位。"摇铃流涎"看起来像是小道，但经过归纳、演绎，却开创出一大套学问。归纳、演绎正是科学精神（或方法）。科学与非科学的分野，往往就在于会不会从简单的事象，推演出具有统摄性的理论。

　　说起来可惜，巴甫洛夫的制约观念，我国古已有之，只是古人没有进一步探索，一直停留在"准科学"阶段。以下笔者所经眼，将我国典籍中与制约反应观念有关的资料论列于后。

巴甫洛夫晚年画像，Mikhail Nesterov（1862—1942）绘，作于 1935 年，
即巴氏去世前一年；此幅画作 1941 年曾获苏联斯大林奖
（英文版维基百科提供）

其一，南朝刘义庆《世说新语·假谲第二十七》："魏武行役，失汲道，军皆渴，乃令曰：'前有大梅林，饶子，甘酸，可以解渴。'士卒闻之，口皆出水；乘此得及前源。"

魏武即曹操。曹操精于权谋，深知心理。梅子是酸的，吃梅子的时候，舌头上的味蕾受到刺激，经神经传导到脑，再由脑发出命令，促进唾液腺分泌唾液。经过若干次经验后，一听到梅子，立即引起酸的"联想"。换句话说，梅子已成为制约刺激，可以和"酸"一样，引起反应。

曹操是二世纪人，如确有"望梅止渴"的事，就要比巴甫洛夫早上一千七百余年；即使是刘义庆杜撰的，也比巴甫洛夫早上一千四百余年。

其二，张鹜撰《朝野金载》上有一段话："东海孝子郭纯丧母，每哭则群鸟大集。使检有实，旌表门闾。后讯，乃是孝子每哭，即撒饼于地，群鸟争来食之。其后数如此，鸟闻哭声以为度，莫不竞凑，非有灵也。"

这是一个典型的制约"实验"，极为精彩。"实验者"训练鸟群，使之听到哭声，群集而至。可惜"实验者""实验"的目的不是为了科学研究，而是为了求得一纸表扬状；否则制约理论的创始人，非东海孝子郭纯莫属！张鹜系唐高宗至唐玄宗时（7 至 8 世纪）人，距巴甫洛夫有一千一二百年。

其三，宋代陈善撰《扪虱新话》卷九十一上有一段记载："人有于庭槛间凿池以牧鱼者，每鼓琴于池上，即投以饼饵……其后鱼但闻琴声丁丁然，虽不投饼饵，亦莫不跳跃而出，客不知其意在饼饵也，以为瓠巴复生。"

这一则"鼓琴鱼跃"比上一则"哭母鸟集"更好玩。两者都以饼为"饵"，是否后者看到《朝野金载》这本书，得到灵感，才精心设计了这个骗局？陈善是 12 世纪时人，距巴甫洛夫有七百余年。

瓠巴是古时名琴师。"瓠巴鼓琴，而鸟舞鱼跃。"（见《列子·汤问》）这样看来，瓠巴才是始作"骗"者了；果真如此，中国之有制约观念，该比巴甫洛夫早上两三千年了！

其四，徐文长（徐渭）故事上有段记载，大意如下：徐文长的叔叔，来到徐文长家，指责徐文长行为过于放荡。徐文长心生一计，溜到屋后，对着他叔叔骑来的驴子作一个揖，然后重重鞭打它一顿。如此"训练"多次，待他叔叔骑上驴要走时，徐文长趋前恭恭敬敬对着他叔叔作了一个揖。那头驴子以为又要挨打，一惊之下，把徐文长的叔叔摔下来，跌得鼻青眼肿。徐文长是 16 世纪时人，距巴甫洛夫也早上三四百年。

从望梅到揖驴，一千多年间，有关制约反应的"实验"不绝如缕。但从上述四则记载来看，有三则是用来骗人的，一则是用来恶作剧的，说来令人痛惜。

贱工末技的传统加上缺少科学方法，使得我国的科学一直停留在"准科学"阶段。我们虽有若干发现，但总是孤立的；既归纳不出什么原理、原则，也形成不了连锁反应。几千年来，一直停留在李约瑟所谓的"经验长梦"中，这是中国人的悲哀，也是中国人最值得检讨的地方。

自洋务运动学习西方的科学，到现在已学习了一百多年，但是似乎只学到科学的"器"，仍未学得科学的"道"。可能是中国文化中有某些因素，使得我们学习科学格外吃力。我们似乎应该从文化层面上做一番反省，否则恐怕再学习上一百年，仍然免不了望梅止渴！

（原刊于《大众科学》1982 年元月号）

蝙蝠声纳系统的发现

　　蝙蝠飞行靠听觉吗？从 1793 年科学家开始注意这个问题，
直到 1938 年才真正证实。本文以生动的文字叙述这段历史。

　　东西方对事物的看法往往不同。举例来说，中国人认为龙是
"四灵"之一，但西方人却把龙和妖魔鬼怪并列。蝙蝠是另一个例
子，中国人以蝙蝠的谐音象征"福"，西方人却把蝙蝠看成魔鬼的
使者。英国诗人吉卜林说过："东方是东方，西方是西方。"东西
方之间的确有很多差异。

　　然而，尽管中国人把蝙蝠看成"福"，西方人把蝙蝠看成魔鬼
的使者，到了动物学家眼里——不论他是东方人还是西方人，蝙
蝠这个词就成为一类哺乳动物（翼手目）的泛称。这类哺乳动物
分成大蝙蝠（大翼手亚目）和小蝙蝠（小翼手亚目）两大类。

　　大蝙蝠又称食果蝠或狐蝠，产在热带或亚热带，脸部平整，
大多有双大眼睛，夜里靠着视觉找寻果实。小蝙蝠的眼睛很小，
飞行时主要靠耳朵，尤其是抓虫吃的蝙蝠（如家蝠），更是全靠耳
朵，这就是大家所熟知的蝙蝠声纳（回声定位）系统。这个系统
的发现，在科学史上有段曲折的故事。

　　1793 年，也就是乾隆五十八年，英国使臣马戛尔尼到中国
那一年，有一天一只蝙蝠飞进意大利神父、生物学家斯帕拉捷
（Lazzaro Spallanzani）的书房，当时屋里漆黑，那只蝙蝠却不会

碰到任何东西，这件事激起斯帕拉捷的好奇心，他决定做个实验，看看蝙蝠是用什么神奇本领看清东西的。

2015年9月13日，英国天文学家、诺贝尔奖得主威尔逊博士在空军新生社演讲，一位听众问他："要怎样才能做一位杰出的科学家？"他谦逊地说："当然要靠一些运气。"然后又坦诚地说："我想，天分是先觉条件，再加上随时对周遭异常现象的警觉心，实验科学家还要知道自己所要找的到底是什么。"威尔逊博士的这番话，刚好可以作为斯帕拉捷的脚注。蝙蝠在漆黑的屋里飞行，不会碰到东西，这是个异常现象，斯帕拉捷抓住这个一般人习以为常的异常现象，揭开了蝙蝠飞行的秘密。

斯帕拉捷把蝙蝠捉住，用火将其眼睛烧瞎，等伤好了再放出来让它在漆黑的书房里飞，结果仍然飞行自如。这个实验证明，蝙蝠飞行可以完全不靠眼睛！

不靠眼睛，那靠什么？斯帕拉捷猜想，可能靠耳朵，于是他用蜡封住蝙蝠的耳朵，果不其然，蝙蝠会一再碰到障碍物，无法正常飞翔。根据这个实验，他推论：蝙蝠的耳朵在飞行中一定扮演着重要的角色。

斯帕拉捷的理论提出后，大家都不相信，大科学家居维叶（Georges Cuvier）用嘲弄的口吻质问："如果蝙蝠能用耳朵看东西，是不是也可以用眼睛听声音？"对于瞎了眼的蝙蝠仍能自由飞翔，

意大利生物学家斯帕拉捷画像
（维基百科提供）

居维叶认为，那是因为蝙蝠的触觉特别灵敏。

居维叶是拿破仑时代最著名的科学家，他受知于拿氏，当过大官，又是比较解剖学和古生物学的创建者，他的话在当时可谓一言九鼎。经过居维叶的嘲弄，斯帕拉捷的发现被埋没了将近一个世纪。

在科学史上，新理论刚提出时，同行们往往不能接受。1983年的诺贝尔生理学或医学奖得主麦克林杜克女士也是个例子。远在四十年前，她就提出"基因移动性"的理论，无奈一直没受到重视。1983年她已经是位八十二岁的老太太了，拜长寿之赐，才领到诺贝尔奖——这个学术最高荣誉是不颁给死人的。

1908年，也就是光绪三十四年，光绪、慈禧相继病逝那一年，美国青年科学家哈恩（W. L. Hahn）重新探讨这个悬而未决的问题。他在实验室的天花板上挂上一排一毫米粗细的铜丝，间距一英尺。他把弄瞎了眼睛的蝙蝠分成两组，一组耳朵里灌上蜡，一组身上涂上凡士林，让它们在实验室里飞，结果发现，涂上凡士林对飞行没有妨碍，但耳朵里灌上蜡飞起来就不灵光。哈恩的实验推翻了蝙蝠飞行靠触觉的说法，证明蝙蝠的耳朵的确和飞行有关。不过蝙蝠是怎么用耳朵"看"东西的，哈恩说不出个所以然来。

过了十二年，也就是1920年，中国发生直皖战争那一年，英国生理学家哈特瑞奇（H. Hartridge）提出一套假说，认为蝙蝠可能利用回声定位的原理飞行，也就是说，蝙蝠能发出波长很短、人耳无法听得到的超音波，如果遇到障碍物，根据反射回来的回声，就能知道障碍物的大小、方向和距离，进而调整自己的飞行方向。

著名德国生物学家赫克尔（Ernst Haeckel）著作《*Kunstformen der Natur*》(1904)
的翼手目图版。显示大耳朵和奇形怪状的口鼻部，皆与回声定位系统有关
（维基百科提供）

　　这个假说虽然完美，如果不能证实蝙蝠的确会发出超音波，
还是不能让人信服。又过了十八年，也就是 1938 年，台儿庄大捷
那一年，美国哈佛大学的研究生格瑞芬（Donald Griffin）才用一
种可以测出超音波的仪器，证实了哈特瑞奇的假说。

　　很多人都说，声纳是从蝙蝠学来的，其实声纳是 1921 年发明
的，那时人们对蝙蝠的回声定位系统还没完全了解。

　　　　（原刊于《野外杂志》1984 年 3 月号，原题《蝙蝠的故事》，

　　　　　　　　　　　　　　　　　　　经节略而成此文）

唐太宗和白鹦鹉

　　唐贞观五年林邑等献白鹦鹉，白鹦鹉不习惯北方气候，唐太宗把它交还使者，送回本国去了。传世的阎立本《职贡图》画的是这次入贡吗？本文给出答案。

　　今年（2001）7月初，我到教育广播电台上节目。时间还早，信步到植物园走走，不期然地被一阵聒噪声吸引住，抬头一看，竟然是一群白鹦鹉！过去曾经在宠物店看过这种大型鹦鹉（宠物店称巴旦鹦鹉），在野生环境看到它们这还是生平第一遭。白鹦鹉体色大多呈白色，嘴巴呈黑色或白色，头顶有十几根冠状羽毛（所以较正式的名称是凤头鹦鹉），尾巴宽而短，和我们常见的鹦鹉差异很大。

　　白鹦鹉主要产在澳大利亚和新几内亚一带。澳大利亚的鸟类怎么来到台湾？道理很简单，它们原本是人们饲养的宠物，有人养腻了，任意放生，结果它们适应了台湾的环境，就归化成本地的野鸟了。

　　说起白鹦鹉，我和这种域外鸟类还有一段渊源。大约五年前（1996），我曾写过一篇论文，讨论故宫博物院的藏画阎立本《职贡图》。根据图中所画的白鹦鹉，断定这幅画不是阎立本的真迹。这件事说来话长，且从大唐贞观五年说起吧！

　　话说唐太宗贞观五年（631）九月，林邑、婆利、罗刹等国的使者，千里迢迢地来到长安，献上一只白鹦鹉。这是历史上外国第一次贡白鹦鹉。这只白鹦鹉聪明伶俐，频频说："冷啊！冷啊！"唐太宗心想，白鹦鹉是南方禽鸟，现在已经九月秋凉，自然不能习惯北方的气候，于是把那只白鹦鹉交还使者，送回本国去了。

这件事表现唐太宗的仁民爱物，史官怎会不记上一笔，于是《唐书》《新唐书》《唐会要》《册府元龟》都记载着这个故事。史官如此，宫廷画家也不可能闲着。古时的宫廷画家，有如现今的摄影师。唐太宗时，最著名的宫廷画家就是阎立本，他可曾画下林邑等国进贡的事？

这个问题我们无法直接回答。宋徽宗时曾编过一本宫廷藏画名录，那就是有名的《宣和画谱》。根据《宣和画谱》，阎立本的确画过不少幅有关外国进贡

凤头鹦鹉有二十种，皆产澳洲区；图为大葵花凤头鹦鹉（Cacatua galerita），Snowmanradio 摄于雪梨
（英文版维基百科提供）

的绘画。可惜《宣和画谱》只记载绘画名称，不记载内容，所以我们无法知道这些绘画所画的内容是什么。然而，苏东坡的一首诗却透露了些眉目。原来他观赏过一幅古画——阎立本《职贡图》，写下一首每句都押韵的怪诗。让我们看看苏东坡的这首《阎立本职贡图》诗：

贞观之德来万邦，浩若苍海吞长江，音容伧狞服奇庞。

横绝岭海逾涛泷，珍禽瑰产争牵扛，名王解辫却盖幢。

粉本遗墨开明窗，我嘌而作心未降，魏征封伦恨不双。

　　这首怪诗，前五句描写画的内容，后四句歌颂唐太宗归还白鹦鹉的事。台北故宫博物院珍藏的阎立本《职贡图》，画着二十七名相貌奇特的异国人物，有人牵着异兽，有人扛着鸟笼，而且笼内有一只鹦鹉，和苏东坡的描写完全一致，可见台北故宫博物院的阎立本《职贡图》，和苏东坡所观赏过的阎立本《职贡图》渊源很深，因此台北故宫博物院前副院长李霖灿先生说："即令这幅不是阎立本的原作，当亦是唐宋以来流传有绪的一个摹本。"

阎立本《职贡图》之右半部，两名矮黑人所扛的笼子里有只鹦鹉

真的这样吗？如果阎立本《职贡图》描绘的是贞观五年林邑等国贡白鹦鹉的事，那么观察一下图中的鹦鹉，岂不就可以得出答案。我用放大镜仔细观察，发现图中的鹦鹉的确是白色的，但具有红色的鸟喙和细长的尾巴。这哪是白鹦鹉啊！

我明白了，画家的原意是要画一只历史上所说的白鹦鹉，但因不识其庐山真面目，就根据我国南方所产的长尾鹦鹉，把体色改成白色，保留了它的红嘴、长尾巴。如果是白鹦鹉，应该画成黑嘴或白嘴和短尾巴啊！

由于阎立本《职贡图》笔力微弱，一般美术史家都不认为是阎立本真迹。我的粗浅观察，或许可供佐证吧？

（原刊于《国语日报》2001 年 9 月 27 日）

含羞草的语源

　　含羞草原产热带美洲，明末传到台湾及闽粤等地。台湾取名为见笑花，作者研判，含羞草由见笑花雅化而成。

　　我不会画画，却喜欢翻阅画册。欣赏历代名家画作，是我的一项业余休闲。有一次在翻阅《故宫书画图录》时，不期然地看到一幅郎世宁画的含羞草图。郎世宁是意大利人，乾隆时的宫廷画家，画作以写实著称。这幅含羞草图画得惟妙惟肖，比摄影还要逼真。

　　当我看到画册上印的题目——"郎世宁海西知时草图"时，不禁大吃一惊。明明是含羞草，怎么说是"知时草"？再看乾隆皇帝的题辞："西洋有草，名僧息底斡，译汉音为知时也。其贡使携种以至，历夏秋而荣。……"僧息底斡，不就是 sensitive 的对音吗？含羞草的英文名称正是 sensitive plant 啊！

　　含羞草原产热带美洲。明朝末年，许多原产美洲的粮食作物和经济作物——如玉米、甘薯、马铃薯、西红柿、辣椒、花生和烟草等等，相继传入中国。郎世宁的《海西知时草图》是乾隆十八年（1753）画的，含羞草传入中国，难道和乾隆年间"其贡使携种以至"有关？乾隆皇帝既然已经给这种域外植物取名"知时草"，后来怎么又改称含羞草？这些问题十分有趣，可惜我读书不多，不知到哪儿去找答案。

郎世宁绘《海西知时草图》轴，台北故宫博物院藏

　　后来我有幸结识台大植物系退休教授李学勇先生，他精研外来植物，学问相当扎实。我问李教授："含羞草这个词，在中国最

早是在哪一本书上出现的？"李教授说，他没注意过这个问题，要到图书馆查一下。大约过了两个月，李教授终于查出结果，发来一份传真："中国最早的纪录为《诸罗县志》（1718）。"我急忙到图书馆找出《诸罗县志》，在"物产志"上果然找到含羞草：

> 含羞草，高二三寸，叶似槐。爪之，叶即下垂，如妇女含羞然。

诸罗就是嘉义。乾隆五十一年（1786），林爽文起兵造反，诸罗军民坚守城池。乱事平定后，朝廷嘉许诸罗军民忠义，就把县名改称嘉义。《诸罗县志》的记载告诉我们，在洋人向北京的乾隆皇帝进贡之前，含羞草早就传到台湾，而且已经取了"含羞草"这个典雅的名称。

李学勇教授提供的线索，使我悟出含羞草的语源。我小学一、二年级就知道，含羞草台语叫作"见笑花"。见笑，意思是害羞或不好意思。因此，含羞草显然是从"见笑花"转化来的。换句话说，知识分子取用"见笑花"的语意，经过雅化，变成典雅的含羞草。

从明天启四年（1624）到清顺治十八年（1661），台湾有三十七年被荷兰人和西班牙人统治，含羞草八成是这段时间传进来的，台语名"见笑花"大概也是这段时间取的。清领时期，台湾还是边陲地区，内地人士来到台湾，喜欢记述奇风异俗和奇异土产，于是含羞草经常被内地人士记入诗文。我进一步查阅文献，发现康熙四十八年（1709）出版的《赤嵌集》，才是已知最早的含羞草纪录。该书卷四有一首《羞草诗》：

羞草，叶生细齿，挠之则垂，如含羞状，故名。

草木多情似有之，叶憎人触避人嗤。

也知指佞曾无补，试问含羞却为谁？

　　《赤嵌集》的作者孙元衡，安徽桐城人，康熙四十二年（1703）调到台湾当同知，任满那年，出版了在台湾所作的诗集。从这首《羞草诗》可以看出，当时或许还没形成含羞草这个词，但已呼之欲出。"羞草"加上"含羞"，不就是含羞草吗？

（原刊于《国语日报》2001 年 11 月 15 日）

大猫熊的发现

　　法国的谭微道神父是位著名的生物学家，他在中国期间发现了很多种动植物，其中最有名的就是大猫熊。本文叙说这段有趣的历史。

　　英法联军（第二次鸦片战争）后，西方人可以随意到中国经商、传教、设置领事馆，当时中国还是生物调查的处女地，一些具有生物学背景的外交官、传教士，甚至商人，就在中华大地上大展手脚，其中成就最高的，就是猫熊的发现者——法国神父大卫（Jean Pierre Armand David，1826—1900）。

　　大卫神父生于法国西南部比利牛斯山巴斯克地区的小山村Espelette（位于 Bayonne 附近）。其父是位对博物甚有兴致的医生，受到父亲的影响，大卫从小就喜欢动植物。大卫少小进入遣使会的修院，进铎为神父（1848 年）前，已开始研究自然科学。当时"自然神学"盛行，不少神职人员希望借助研究自然科学，证实上帝的存在及伟大。1850 年，大卫奉派到意大利担任教会学校博物教师，前后凡十年。1862 年，遣使会派遣大卫到中国传教，展开他不平凡的一生。

　　大卫来华之前，到巴黎法兰西学院拜会著名汉学家儒莲（Stanislas Julien），儒莲勉励他为法国学术界多做贡献，并介绍他和动物学家爱德华（A. Milne-Edwards）、植物学家布朗夏尔（É.

Blanchard）等相识。大卫受宠若惊，答应接受委托，为这些著名博物学家采集标本。当时对中国动植物的调查英国人领先，法兰西学院的学者们希望大卫能够有所表现。

大卫先到北京，他取了个中国名——谭微道（一作谭卫道），人称谭神父（以下行文称谭神父）。谭神父很快地发现，中国人在伦常中安身立命，不大容易接受基督教，于是将大部分精力用在博物调查上。1862 年夏（到中国不久），某日他溜达到北京皇家猎场南苑（南海子），隔墙向苑内张望，隐约看到一种从没见过的鹿（四不像鹿）！1866 年 3 月，他买通官员，弄到两张鹿皮及鹿角、鹿骨，这些标本送到巴黎自然史博物馆（时爱德华任馆长），鉴定为鹿科中的新属、新种，在学术界引起不小的轰动。

谭神父在中国约十年（1862—1874，1870—1872 年回国约一年半），他先在北京和承德等地采集，获得大量标本，受到爱德华、布朗夏尔等学者激赏。其后从 1866 年起，大卫做过三次旅行采集，分别为内蒙、华西及中原，限于篇幅，本文单表第二次采集，猫熊就是这次旅行发现的。

谭神父到华西采集是爱德华建议的。他先到天津，搭轮船至

谭微道神父像，摄于 1884 年，取自
Bibliothèque nationale de France
（法文版维基百科提供）

上海，一位法国珠宝商告诉他，成都西南方的穆坪地区（今雅安市宝兴县）动植物种类丰富，有位法国传教士在那里传教，曾经将一些珍稀标本托交领事人员带回欧洲。谭神父溯江而上，来到重庆，住在外方会的教堂，谈起穆坪，驻堂神父告诉他，该会在穆坪地区的邓池沟设有教堂，附近的动植物的确丰富。

谭神父决定前往穆坪。1869 年元月上旬来到成都，2 月下旬出发，经过八天跋涉，翻越三千多公尺的邛崃山，终于来到目的地——穆坪的邓池沟。穆坪地处四川盆地西北缘向青藏高原过渡的地带，这里山高谷深，林木蓊郁，终年潮湿多雨，云锁雾绕。谷底是亚热带丛林，中海拔地带是阔叶温带林，高海拔地区是以针叶林为主的高寒地带和高山草原。生活其间的动物，也随着植物群落的变化作垂直变化。

穆坪地处边陲，加上汉藏杂处，官府鞭长莫及，早在 19 世纪初，就有传教士来此传教。在驻堂神父的大力协助下，采集随即展开，到 1869 年 11 月，谭神父在此发现的动植物难以计数，包括活化石植物珙桐，及珍稀动物猫熊、金丝猴等。他从热衷哺乳类、鸟类，到后来研究植物和昆虫，这座生物宝库带给他一次又一次的惊喜。

其中最让谭神父惊喜的，应该就是猫熊了。谭神父第一次发现猫熊，是在 1869 年 3 月 11 日，《大卫神父日记》对此记述甚详。那天，他在一位李姓猎人教徒家，看到一张"从来没见过的黑白兽皮"，李姓猎人说是黑白熊（当地汉人一般称为花熊或白熊），他觉得这是"一种非常奇特的动物"。李姓猎人笑他少见多怪，"如果你需要，你也会得到这种动物的，我们明天一早就去猎取。"谭神父听了非常高兴，当晚，他在日记中写道："找到这种动物，一定是科学上的一个重大发现。"

20 世纪 30 年代初，亚洲文会上海自然博物馆展出美籍华人探险家杨帝泽、杨昆廷兄弟所致赠的猫熊标本，图为标本制作者英国博物学家 A. C. Sowerby 所绘制的大、小猫熊生境图

　　3 月 23 日，李姓猎人果然带回一只幼体黑白熊。本来是活着的，猎人们为了便于携带，把它弄死了。到了 4 月 1 日，谭神父

雇用的猎人又带回一只成年黑白熊。"它的毛色同我已经得到的那只幼体完全相同。这种动物的头很大，嘴短圆，不像熊嘴那么尖长。"5月4日，获得一只活体黑白熊。他亲自指挥工匠们在天主教堂内为黑白熊做了个大木笼，关在里面饲养、观察，记录其生活习性。他根据黑白熊的体毛、脚底有毛等特征，认定是熊科的一个新种。

谭神父正满怀希望要将黑白熊送回法国，可惜启程前就死了，只好剥下皮来制成标本，并写下研究报告，寄交爱德华。经过鉴定，确定为新属、新种，并认为与小猫熊（学名 Ailurus fulgens，F. Cuvier，1825）有亲缘关系（而与熊无关），因而学名取为 Ailuropoda melanoleuca（David，1869）。

至于英文名，在没发现猫熊之前，小猫熊称为 panda。小猫熊产在尼泊尔及中国西南山区（西南一带汉人称为九节狼），喜欢吃箭竹叶，也吃果实、昆虫等。panda，源自尼泊尔语，意为"食竹者"。猫熊发现后，小猫熊"降格"为 lesser panda，而猫熊就成为 panda 或 giant panda。

（摘自《郭璞、大卫和露丝——猫熊故事三部曲》之两小节，

原刊于《科学月刊》2008 年 8 月号）

徽州唐打虎

　　《阅微草堂笔记》有则记载，记述徽州猎虎专家以特制短柄利斧，将凌空扑过来的猛虎开肠破肚。这则记载可供编写动物行为学者说明领域行为时引用。

　　中国是个多虎的国家，根据大陆学者何业恒先生《中国虎与中国熊的历史变迁》（湖南师范大学出版社，1996），1900 年时全国有一千一百六十六个县（约占全国半数）产虎；直到 1949 年，全国仍有五百二十九个县产虎，其中华南亚种占三百七十个县，可说是中国虎的代表，难怪华南虎又有中国虎之称。

　　华南虎的学名是 Panthera tigris amoyensis，英名是 South Chinese tiger 或 Amoy tiger；amoyensis，意为"厦门的"，可见模式标本（用来命名的第一件标本）得自厦门。厦门是个岛屿，1843 年（《中英南京条约》）就辟为通商口岸，难道 1905 年德国动物学家贺泽麦（Max Hilzheimer）为之命名时厦门仍然有虎？

　　答案是肯定的，直到 1920 年代厦门仍有虎呢！大约 1969 年，我在光华商场买到一本日本动物学家大岛正满的书（书名已失忆），后来主编《自然杂志》（陈国成教授于 1977 年创办），找出那本书，将其中几篇委请黄琇英女士翻译，其中的《厦门猎虎》刊于《自然杂志》1978 年 6 月号，记述日本葵川侯爵在厦门郊区山中猎虎的事。

华南虎分布广、数量多，徽州还出现过猎虎世家呢！清代纪昀《阅微草堂笔记》卷十一《槐西杂志》一，有段记载：

> 族兄中涵知旌德县时，近城有虎暴，伤猎户数人，不能捕。邑人请曰："非聘徽州唐打虎，不能除此患也。"（休宁戴东原曰："明代有唐某，甫新婚而戕于虎，其妇后生一子，祝之曰：'尔不能杀虎，非我子也。后世子孙，如不能杀虎，亦皆非我子孙也。'故唐氏世世能捕虎。"）乃遣吏持币往。归报唐氏选艺至精者二人，行且至。至则一老翁，须发皓然，时咯咯作嗽，一童子十六七耳。大失望，姑命具食，老翁察中涵意不满，半跪启曰："闻此虎距城不五里，先往捕之，赐食未晚也。"遂命役导往，役至谷口，不敢行，老翁哂曰："我在，尔尚畏耶？"入谷将半，老翁顾童子曰："此畜似尚睡，汝呼之醒。"童子作虎啸声，果自林中出，迳搏老翁。老翁手一短柄斧，纵八九寸，横半之，奋臂屹立，虎扑至，侧首让之，虎自顶上跃过，已血流仆地。视之，自颔下至尾闾，皆触斧裂矣。

《阅微草堂笔记》以志怪为主，兼谈所见所闻，后者具有史料价值。作者纪昀（晓岚），引戴震（东原）的话，说明徽州唐氏擅捕虎信而有征。清时徽州辖歙县、黟县、休宁、祁门、绩溪、婺源等六县。戴震是休宁人，所记当为家乡故实。故事发生的地点旌德县，清时属宣城府，和徽州同在皖南。地理上的吻合，说明这则记事的可靠性。

20世纪20年代末，日本葵川往厦门猎虎，图为厦门的打虎队及所猎华南虎，后排右一为葵川。古人猎虎多用钢叉，或在其出没处埋设窝弓射杀

皖南曾是华南虎的分布区。虎是独居性动物，通常白天休息，傍晚出来活动。"童子作虎啸声"，乃模仿虎啸，使睡卧的老虎以为有同类入侵，这和虎的领域行为吻合。老虎被虎啸声引出来，猎虎专家施展奇技，以特制短柄利斧，将凌空扑过来的猛虎开肠破肚。叙述简洁生动，场景历历如绘，可供编写动物行为学者说明领域行为时引用。

（摘自《庚寅谈虎——中国虎杂谈》，原刊于《科学月刊》2010年2月号）

兔起鹘落

> 当草原变成耕地和城镇、村落，大型草食动物绝迹，田猎遂以猎兔子为主。以兔鹘（猎隼）猎兔，通常反覆搏击，这就是成语"兔起鹘落"的由来。

成语"兔起鹘落"，典出苏轼《文与可画篔筜谷偃竹记》："振笔直遂，以追其所见，如兔起鹘落，少纵则逝矣。"比喻动作敏捷，或绘画、写作下笔迅捷流畅。

随着无止境的开发，当草原转变成耕地和城镇、村落，大型草食动物（有蹄类）绝迹，兔子族群以其超高生殖率得以维系。母野兔一年怀胎多次，每次生一至七只。难怪《After Man：人类灭绝后支配地球的奇异动物》一书臆测，五千万年后的温带森林、草原地带，兔形目将经由辐射演化，取代有蹄类的生态区位。

中国的兔科动物有一属（Lepus）、九种，以草兔（L. capensis）数量最多，分布最广。华南兔（L. sinensis）主要分布华南和华中。台湾兔是华南兔的一个亚种，笔者读大学时，小碧潭附近的丛薮中就常有台湾兔出没；服兵役时，清泉岗机场的茂草中更多。现在呢，山区野地一定仍有不少，高生殖率是它们维持种群的保障。

当野外的有蹄类次第消失，兔子成为最重要的猎兽时，自然而然发展出一套以猎兔为主的打围（狩猎）方式。平民百姓用猎犬追逐，大户人家还僱请鹰师驯练猎鹰，在空旷野地纵犬放鹰，为秋冬时分有闲有钱阶级最热衷的户外活动。

在北方，用来猎兔的鹰，以鹰科的黄鹰（即苍鹰，学名 Accipiter gentitis，英名 northern goshawk）和隼科的兔鹘（即猎隼，学名 Falco cherrug，英名 saker falcon）为主。黄鹰体型较大，单只即可出猎。兔鹘（鹘，北方人读作虎）体型较小，极少一击毙命，通常反覆搏击，等到兔子无处可逃，才纵犬追捕。东坡居士以兔起鹘落比喻文章的起伏跌宕，可见他熟谙兔鹘围，说不定还是位玩家。

刘贯道《元世祖出猎图》局部，上端随从所架之鹰为海东青，即白鹘，
是一种闻名的猎鹰，右前方随从马背上的动物为猎豹

关于黄鹰围和兔鹘围，一位大陆玩家说得好："过去说'穷黄鹰，富兔鹘'。黄鹰是老百姓单只养着玩的。兔鹘养起来就费劲了，因为带兔鹘出去打猎没有只带一只的。不但鹰要好几只，狗也要好几只，人和马自然也少不了，这就不是穷人玩的了。黄鹰是直接抓兔子，而兔鹘的作用是把兔子拢起来，再放细狗去抓。这样打起猎来场面壮观，非常好看。"

那么黄鹰围或兔鹘围所猎的是什么兔？主要是北方的草兔，华中的华南兔。华南较少平展的环境，加上秋后草木不凋，不适合鹰猎。

（摘自《辛卯谈兔——中国兔杂谈》，原刊于
《科学月刊》2010 年 2 月号）

睢鸠是什么鸟?

《诗经》第一篇《关雎》:"关关雎鸠,在河之洲。"雎鸠到底是什么鸟?历来都说是鱼鹰,作者根据鸣声,推断是白腹秧鸡。

《论语·阳货》:"子曰,小子何莫学夫诗。诗可以兴,可以观,可以群,可以怨。迩之事父,远之事君,多识于鸟兽草木之名。"意思是说,读《诗经》好处很多,最不济也可以多认识些动植物的名字。

然而,动植物名称因时、因地而异。《诗经》是西周到春秋的作品,要认识两三千年前的动植物名称谈何容易!以《诗经·国风·周南·关雎》来说吧:"关关雎鸠,在河之洲,窈窕淑女,君子好逑。"雎鸠到底是什么鸟?

关于雎鸠的注释,西汉的《毛诗诂训传》:"雎鸠,王雎也,鸟挚而有别。"注了如同未注。朱熹《诗经集传》:"水鸟也,状类凫鸥,今江淮间有之。生而定偶而不相乱,偶常并游而不相狎,故《毛传》以为挚而有别。"似乎解作一种游禽。但不知从什么时候起,有关雎鸠的注释都解释成鱼鹰。

现今叫作鱼鹰的鸟类有两种,一种是鸬鹚(鹈形目、鸬鹚科,英文名 cormorant,学名 Phalacrocorax carbo),另一种是鹗(鹰形目、鹗科,英文名 osprey,学名 Pandion haliaetus)。鸬鹚身长约八十厘米，体重约一点七到二点七千克，在中国南方渔民常养来捕鱼。笔者到桂林（漓江）、凤凰（沱江）旅游时，曾近距离观察过这种大黑鸟。

《关雎》写青年男子的相思之苦，以"关关雎鸠"起兴，说明"关关"是雎鸠的求偶声。鸬鹚过群栖生活，大凡群栖性鸟类，不需以持续的鸣声求偶。再说，鸬鹚很少鸣叫，只在争夺停栖位置时，发出低沉的"咕、咕"声。从习性和鸣声来看，雎鸠显然不是鸬鹚。

不是鸬鹚，岂不就是鹗了！孔颖达《毛诗正义》引郭璞《尔雅注·释鸟》："鵰类也，今江东呼之为鹗。"这是将雎鸠释为鹗的由来。约 1784 年，日人冈元凤著《毛诗品物图考》，就把雎鸠画成俯冲入水的鹗。《毛诗品物图考》影响深远，一些鸟类书介绍鹗时，经常提到《关雎》；有关"雎鸠"的注释，除了说它是鱼鹰，有时也会说就是鹗。雎鸠即鱼鹰，也就是鹗的说法，几乎已成为定说。

雎鸠

鹗身长五十一到六十四厘米，体重一到一点七五千克。头部白色，有黑色纵纹，枕部的羽毛延长成短羽冠。身体上部暗褐色，下部白色，极为醒目。栖息于江河、湖沼、海滨一带，以鱼类为食。鹗是一种候鸟，在中

宣统二年石印本《毛诗品物图考》雎鸠图

国，大约三月初飞到东北繁殖，九月中旬向南迁徙。繁殖期间雄鸟通常抓着一条鱼，一面飞，一面发出"切利利"的哨声，被吸引的雌鸟高声应和。配对之后，经常比翼双飞，哨声不断。

《关雎》属于《诗经·国风·周南》。周南是周公的封地，王畿以南的意思，大约在河南西南部及湖北北部一带。在东北繁殖的候鸟，大概不会在"周南"唱起求偶之歌吧！再说，鹗的哨声尖锐激昂，和"关关"全然不搭。要说雎鸠就是鹗，证诸动物学，怎么说都说不过去。

笔者遍阅各种《诗经》读本，又多次上网，发现已有人对雎鸠即鱼鹰的说法提出质疑。骆宾基的《诗经新解与古史新论》，认为是指大雁。雁鸣雝雝，和关关相去甚远。胡淼撰《〈诗经〉关雎中的雎鸠是什么鸟》（《人民政协报》第 70 期），认为是指鸣声如"给——给——嘘、嘎——嘎——嘎"的大苇莺，但细究之下仍然无法使人信服。

那么雎鸠是什么鸟？笔者认为，可能是白腹秧鸡（鹤形目、秧鸡科，英名 white-breasted water hen，学名 Amaurornis phoenicurus），试说明如下。

白腹秧鸡经常发出"苦哇、苦哇"的重复鸣声，"苦哇"连音，和"关"相近（关字的上古音和现今相同）。几十年前，台北近郊就是田野，晨昏时刻，"关关"之声时有所闻。大约十年前，笔者在新店溪上游还听到这种叫声呢！再也没有其他水鸟的鸣声比白腹秧鸡更像"关关"了。

白腹秧鸡是一种涉禽，符合"在河之洲"的生境。主要分布于长江以南，但往北可分布到华北、东北、内蒙古和新疆。周时华北较现今温暖，以"周南"的地理位置，白腹秧鸡应该十分普遍。

白腹秧鸡背部黑色，脸部及腹部白色，下腹部栗红色。以外形来说，除了一双长脚，和"鸠"的确近似。此鸟通常单独出现于水田、沼泽地带，生性羞怯，警戒心强，只闻其声，难见其形。

白腹秧鸡，Charles Lam 摄

（维基百科提供）

我们不妨这样设想：将近三千年前，一位周南的小伙子，听到河洲上白腹秧鸡的求偶声，不自觉地联想起自己心仪的女子，一首传颂千古的民歌就诞生了。

前面说过，动植物名称因时、因地而异。白腹秧鸡有很多别名，流传最广的就是"姑恶鸟"或"苦恶鸟"了。传说此鸟是位被婆婆折磨而死的少妇变的，不停地诉说"姑恶、姑恶"，发泄心中幽怨。

《诗经》时代，人们听到白腹秧鸡求偶声，想到的是"窈窕淑女，君子好逑"；同样的鸟鸣声，后人却把它想成"姑恶"，可见《诗经》时代较后世自由得多了。

（原刊于"《中央日报》"副刊 2004 年 4 月 30 日，后略加补充而成此文，刊于《科学月刊》2011 年 4 月号）

胡克的《显微图绘》

胡克发现细胞，尽人皆知。胡克的《显微图绘》，是英国皇家学会的第一本重要出版物，也是史上第一部科学畅销书，具有划时代意义。

史家咸认，布朗菲斯的《本草图谱》（1530），和维萨里（Andreas Vesalius）的《人体构造》（1543），是插图科技书的两座里程碑。那么可有第三座？笔者试着回答这个问题以前，容我叙说一段往事。

将近二十年前，锦绣出版公司老板许钟荣先生在北京邀宴十位中央美院和工艺美院的教授，在下敬陪末座。席间谈起谁是当代中国绘画第一人，在座学者、画家咸认，第一人非蜀人张大千莫属。谈起谁是第二人，就有齐白石、李可染、林风眠等不同意见。他们或从简笔趣味，或从用墨，或从引西润中着眼，观点不同，自然有不同的看法。

笔者自 2008 年出席"第一届海峡两岸科普论坛"起，开始研究科普。从科普的观点，笔者认为，第三座里程碑应为胡克的《显微图绘》。

胡克（1635—1703）是位世间少有的通才，史家每誉为"伦敦的莱昂纳多"。莱昂纳多，即达·芬奇。胡克终生未婚，也和达·芬奇相同。他在天文学、物理学、建筑和发明上都有极高的成就，至于因特殊因缘发现细胞，不过是无心插柳，生前可能从未认为自己是生物学家。

胡克生于英国怀特岛，父为助理牧师，十三岁（1648）丧父，到伦敦谋生，起初在一家肖像馆当学徒，不久进入威斯敏斯特学校，校长爱其才，免其学费，胡克在此学习希腊文、拉丁文、《几何原本》等。十八岁（1653），到牛津大学教堂唱诗班工作，生计始有着落。

公元 1655 年（二十岁），担任波以耳助手，以实验助其完成"波以耳定律"。1662 年（二十七岁），经波以耳引介，到英国皇家学会展示馆工作，负责维修仪器及演示，翌年获选皇家学会会员。1677 年，出任皇家学会秘书。

公元 1665 年（三十岁），胡克自制一台显微镜，观察软木薄片时发现软木是由许多形似隐修士所住单人房间般的小室（cell）构成，这是史上首次对细胞的观察，胡克因而成为细胞的发现者。同年将观察结果辑为《显微图绘》(Micrographia)，由皇家学会出版。

《显微图绘》中的胡克自制显微镜，
铜版画

（维基百科提供）

《显微图绘》是皇家学会的第一本重要出版物，也是史上第一部科学畅销书，具有划时代意义。当时显微镜尚未普及，该书令人震撼的图绘，激起人们对显微镜及微观世界的兴趣，为世人开启了一片全新的视野。

胡克既然有"伦敦的莱昂纳多"之称，绘画自然不在话下。《显微图绘》的所有图绘，都出自胡克之手，其中最为人们熟知的，大概就是他被称为"细胞发现者"的木栓图。其实，

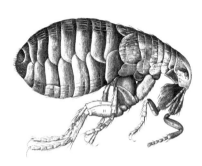

《显微图绘》跳蚤拉页图，铜版画，
显现胡克高超的绘艺

（维基百科提供）

书中最能显现绘画功力的是昆虫，特别是跳蚤、虱子等的铜版画拉页，今日看了仍令人震撼不已，何况是 17 世纪！

（摘自《科技插图的两座里程碑——〈本草图谱〉与〈人体构造〉》，

原刊于《科学月刊》2013 年 6 月号）

罗聘《鬼趣图》原始

> 罗聘《鬼趣图》第八幅,将鬼画成骷髅,在历代鬼画中极不寻常;原来这幅《鬼趣图》摹自传教士译介的西方解剖图,在维萨里的《人体构造》上可以找到源头。

约十年前,一位来自复旦大学的学者,在"中研院"科学史委员会演讲,姓名已遗忘,内容和中西文化交流有关。讲者秀出一幅明末传教士罗雅谷等译《人身图说》的骨骼图,再秀出清初画家罗聘的《鬼趣图》,说明后者源自前者。明末传入中国的西方解剖学对传统医学没什么影响,没想到却影响了擅长画鬼的罗聘!这真是个科学史和美术史上的重大发现。

演讲完毕,我立即举手发问:"《鬼趣图》摹自《人身图说》,是您发现的吗?"讲者回答:"是西方学者。"会后趋前就教,希望取得他的论文,讲者说会寄给我,但一直没有收到。

对于罗聘的那幅《鬼趣图》我并不陌生。1995 年编辑《中国巨匠美术周刊》第五十六册《罗聘》时,就注意到它的特殊性。《鬼趣图》(1772)为一册页,共八幅,那幅骷髅图是第八幅。中国人画鬼,一向没有固定形象,所以古人说:画犬马难,画鬼魅最易(见《韩非子·外储说》)。罗聘在第八幅中,将鬼画成骷髅,的确极不寻常。

1996 年,笔者为《科月》撰写"画说科学"专栏,曾顺便浏览画册，看看能不能找到第二幅将鬼画成骷髅的古画。没有，连罗聘自己也没再画过！那次浏览画册，附带发现：南宋宫廷画家李嵩的《骷髅幻戏图》，是另一幅骷髅画，但画中的骷髅是童玩，不是鬼！

罗聘《鬼趣图》。据钟鸣旦研究，骷髅构图摹自罗雅谷等译《人身图说》，
但其终极来源应为维萨里的《人体构造》（1543）

听过那位大陆学者的演讲，才知道罗聘的那张《鬼趣图》的底细，解除了多年的疑惑。本月初，很意外地在网上看到大陆旅美学者汪悦进的一篇文章《秋坟鬼唱鲍家诗——罗聘〈鬼趣图〉新论》，原来发现《鬼趣图》摹自《人身图说》的西方学者，是比利时汉学家钟鸣旦教授。顺藤摸瓜，又找到钟鸣旦在复旦大学的

一篇演讲《中欧"之间"和移位——欧洲和中国之间的图片传播》。读罢钟、汪两先生的文章，发现两人都没提到维萨里的《人体构造》（1543）。《人身图说》我无缘经眼，但从《鬼趣图》的构图来看，显然源自《人体构造》。就假"大家谈"将这点心得写出来吧。

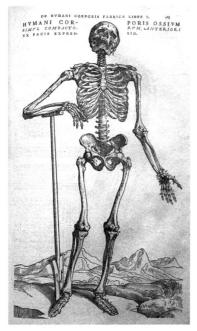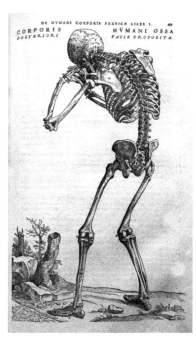

比较《鬼趣图》与《人体构造》的两幅骨骼图，可见其渊源

走笔至此，一个问题不由得在心中升起：中国人为什么不将骷髅和鬼做连结？这牵涉到文化人类学和宗教学，笔者一时还没能力给出任何回答。

（原刊于《科学月刊》2013 年 9 月号）

辑三

医学类

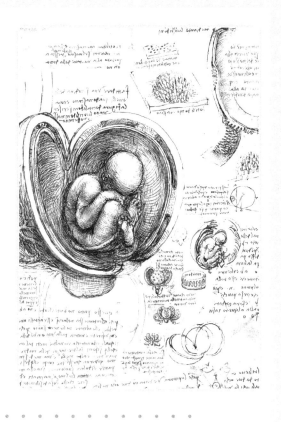

陈皮与盘尼西林

> 1945 年，弗莱明因发现青霉素的抗菌作用荣获诺贝尔奖；某巨公说，陈皮上就有青霉素。这种古已有之的说法，曾经长期左右国人的思维。

当年英国人发现了盘尼西林（青霉素）的抗菌作用，消息传来，某巨公说："这有什么稀奇，我们中国人早就有了。"

陈皮就是晒干了的橘子皮，橘子皮上常长有青霉。所以这位巨公又补充说："吃陈皮不就是吃盘尼西林嘛？"

原子弹发明后，有人说，这有什么稀奇，原子弹的理论《易经》上早就有了。计算机发明后，又有人说，这还不是源自《易经》上的二元数学，要不是莱布尼茨把中国的二元数学剽窃过去，哪来的计算机！

李约瑟的《中国之科学与文明》出版后，比附的人更多，动不动就把李约瑟搬出来。实际上，李约瑟也是比附的能手，笔者曾在期刊《Endeavour》上看过他所写的两篇文章。一篇说，中国人讲的风水，实际上是一门环境学。另一篇说，中国人以紫河车（胎盘）、孕妇小便治疗妇人血气不足，以动物睾丸治疗男人虚弱，证明内分泌学始自中国。

我不否认宣扬古人的成就可以重振民族自信心，但是要借外国人之力才能宣扬，不知置民族自信心于何处。我念书时有位教中国哲学史的老师，平时讲课喜欢批评外国人如何如何不行，但是谈到中国事的时候，又喜欢引证洋人的话。比方谈到《易经》时，他会说："莱布尼茨说，他的二元数学就是从《易经》得来的。"说完得意地环视一下四周。一方面表示他的博学，一方面表示，中国人的成就是公认的，不信的话，有外国人的话为证。

青霉素发现者弗莱明（图中）获 1945 年诺贝尔奖历史镜头
（英文版维基百科提供）

人类过去的种种活动，应摆在历史的地位上去衡量，不需要拿现有的知识去比附。陈皮代表古人的成就，盘尼西林代表现代人的成就，两者不可能相等，也不需要相等。

另外，检讨古人的成就时，不应该太重视外国人的话。外国人的话拿来参考可以，不应盲目地随声附和。以李约瑟来说，他的东西有的地方就不知道比附到哪里去了。

　　外国人谈中国事不是乱发谬论，就是抓住针眼那么大一点东西就乱做文章。我们要恢复民族自信心，首要的工作就是不要借外国人的话来揄扬自己，也不要拿外国人的成就来比附自己。

（原刊于《科学月刊》1976年11月号）

王清任的《医林改错》

中医不重视实证，清代中叶的王清任却具有朴素的实证精神，他在墓地和刑场观察人体构造，著成《医林改错》一书。

西方深受古希腊影响，即使是有黑暗时代之称的中世纪，经院哲学仍以实证的方式，证实神的存在和神的伟大。到了文艺复兴，实证精神更加受到重视。就医学来说，解剖学是实证医学的基础，解剖学发展了，生理学才能发展，进而才能发展出病理学和药理学。实证的临床医学就是建立在解剖学、生理学、病理学和药理学等的基础上。

早在公元 1543 年，维萨里就着成解剖学奠基之作《人体构造》，换言之，西方在文艺复兴时期，医学已朝向实证的方向发展。反观中国，中医以阴阳五行为理论基础，并不需要实证，也就不需要解剖学，个人认为，这是中国解剖学不发达的主要原因。

李约瑟《中国之科学与文明》第二卷讨论阴阳五行："这种理论在 1 世纪是相当进步的，在 11 世纪还可以勉强接受，但到了 18 世纪已令人感到厌烦。"其实直到 19 世纪，甚至 20 世纪初，阴阳五行的玄学迷雾从未消散。

然而，在泥古、尚古的中国传统医学界，也有清明之士，清嘉庆、道光年间的王清任（1768—1831）就是突出的一个例子。王清任是个武秀才，也是个名医。他在医学活动上的特点，是十分重视对内脏的了解，并且想把这种了解和临床相连系。这一精神和文艺复兴时期的西方医学家十分类似。

王清任画像

中国人一向不作兴在书上刻上自己的画像，此举可能受到西方影响。

　　嘉庆二年（1797），王清任到滦州稻地镇旅行，适值镇上流行小儿痢疾，每天都有小孩病死。贫穷人士买不起棺木，用草席一包，往乱葬岗一埋了事。当地风俗，认为死儿不可深埋，必须被野狗扒出来吃了，下一胎才能保命。王清任抓住这个机会，每天清晨都到乱葬岗去观察被野狗扒出来的童尸。因为都是被野狗吃剩的，所以要看清内脏的全貌并不容易。他一连花了十天功夫，大约看了三十多具童尸，才算看得比较完全。他发现，他所看到的，和古书上所画的有很多不同。其中横膈部分，由于尸体多已破坏，没能看清楚。

嘉庆四年（1799），奉天沈阳有位疯女杀了丈夫和公公，解到省里凌迟。王清任不远千里，赶去看个究竟。刽子手把犯人的内脏割下，提起来示众。王清任细看之下，证明大人的内脏和小儿的内脏并没什么两样。嘉庆二十五年（1820），有名逆子弑母，在北京崇文门外刑场活剐，王清任当然不会放过，近前一看，横膈被割破了，没能看明白。道光八年（1828），京城又剐一名谋逆犯，但因不能近看，怏怏而归。

道光九年十二月十三日，在北京有安定门大街板厂胡同看诊，谈及横膈，王清任说他已留心了四十年，还是没能验明，没想到有位官员知之甚详。原来这位官员曾镇守哈密，领兵喀什噶尔，杀人无算，看过无数尸体。杀人时无意间可杀出解剖学来，于此可得一证。

道光十年（1830），王清任将他一生的心得辑印成书，名曰《医林改错》，目录之后，附有作者木刻画像，此举可能受到西方影响，维萨里的《人体构造》扉页上就有维氏

咸丰版《医林改错》知非子叙书影。
《医林改错》除了自序，还有张序、
刘序、知非子序三篇序文

的画像。

王清任在自序中说:"余著《医林改错》一书,非治病全书,乃记脏腑之书也。其中当尚有不实不尽之处,后人倘遇机会,亲见脏腑,精察增补,抑又幸矣!"在脏腑记叙中说:"著书不明脏腑,岂不是痴人说梦;治病不明脏腑,何异于盲子夜行。""今余刻此图,并非独出己见,评论古人之短长;非欲后人知我,亦不避后人罪我。惟愿医林中人一见此图,胸中雪亮,眼底光明,临症有所遵循,不致南辕北辙,出言含混,病或少失,是吾之厚望。"

王清任的《医林改错》对内脏的观察和评断,的确有许多超越前人的地方。然而,中医原本就不必明了脏腑,他的书未受重视乃意料中事。再说这时已是维萨里出版《人体构造》后二百八十七年,西方的医学已极为发达,中西之间优劣形势早已形成,王清任的苦心"改错",又有什么意义?

(摘自〈解剖学史话〉,原刊于《自然杂志》1986 年 6 月号)

杉田玄白等的解体新书

只认识少许荷兰文的杉田玄白等，凭着毅力译成《解体
新书》，1774 年出版。日本医学界才知道汉医所说的脏腑往
往与事实不合，不如兰医可信。

16、17 世纪，基督宗教发生宗教改革运动，新教（基督教）
兴起，罗马公教（天主教）受到严重冲激，公教中的一些有志之士
挺身而出，号召内部改革。1534 年，罗耀拉（Ignatius of Loyola）
与沙勿略（Francis Xavier）等创立耶稣会，可说是公教的维新派。
1540 年，耶稣会得到教宗承认。

耶稣会重视知识和教育，并选派优秀教士到远地传教。1541
年，创立人之一的沙勿略即首途东方，他先到印度，再到日本，
1552 年秋来到澳门附近的上川岛，同年冬因疟疾死于岛上，未能
达成踏上中国大陆的宿愿。

沙勿略在东方十年，他寄回去的报告，使得耶稣会对东方，
特别是日本和中国有个大概了解。1595 年，利玛窦到达南京。
1601 年，在北京成立天主堂。耶稣会教士们不但带来了圣经，也
带来了科学。教士邓玉函译《人身图说》，西方解剖学首次传入中
国。入清后，康熙命教士巴多明以满文译成《钦定格体全录》一
书，因为考虑到风教问题，没有刊刻。

差不多在同一时代，西学也传到日本。因为初到日本的洋人

多为荷兰商人，所以当时日本人称西学为"兰学"。荷兰人信奉新教，而将西学传入中国的教士皆属公教，两者有其实质上的差异。

西学（兰学）传到日本后，引起知识分子们的关注。明和八年（1771）三月四日，刑场杀人，醉心兰学的医生杉田玄白、前野良泽、中川淳庵前往观察，对照荷兰解剖图籍，才知道"汉医"有所疏漏，不若"兰医"之有真凭实据。

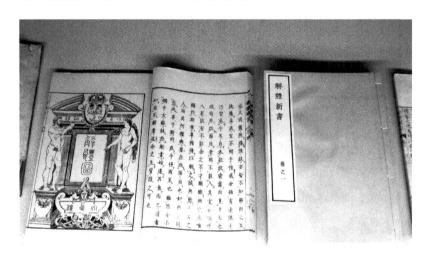

《解体新书》卷一书影，显示序文及图版扉页
（维基百科提供）

杉田邀请前野翻译，前野正有此意，中川亦自愿加入，翌日齐集前野宅邸，展开翻译工作。他们认识的荷兰文不过六七百字，又如何能完成这个工作！他们凭着臆测翻译，一行一义，往往费时数日。但他们意志坚定，绝不稍馁。一年以后，已可一日翻译十行。经过四年，易稿十一次，终于译成《解体新书》四卷，安永三年（1774）出版。该书的序上说汉医所说的脏腑，往往与事实不合，不如兰医可信。

《解体新书》图版精细，可见当时铜版画和蚀刻版画已传到日本，而中国最好的一本插图书——道光二十八年（1848）出版的《植物名实图考》，仍然使用木刻版画。可见早在清初，中国在接受西方科技方面已落后日本了。

《解体新书》刊行后，日本人才知道西洋医学较有实据，一时学习兰医成为风尚。日本能成为"医学大国"，可说是其来有自。反观我国，巴多明以满文译的《钦定格体全录》一直深锁大内，没有产生任何反响。当代研究中国科学史的著名日本学者薮内清分析道："把双方加以比较，在中国是以皇帝为中心的工作，而在日本是属于民间学者的。此外，在输入外来文明上，在中国是以外国人为中心，日本似乎是基于自家国民的愿望所产生的。"分析得对极了。

（摘自《解剖学史话》，原刊于《自然杂志》1986 年 6 月号）

灶神信仰的卫教意涵

　　灶神信仰的种种禁忌，可说是利用神道设教所订定的厨房卫生守则。作者曾致力民间宗教研究，此文为其心得之一。

　　灶神信仰由来已久，有关灶神察人功过的观念，首见于郑玄《礼记·祭法》注：七祀之神（包括灶神）"居人间司察小过作谴告者也"。说明至少在东汉时，灶神察人功过的观念已普遍流传。

　　灶神信仰的神道设教思想，是善书的重要内涵之一。专属灶神信仰的善书，笔者经眼的有《司命灶君宝卷》《司命宝训》《东厨司命真经》等三种。前两者为极薄的小册子，后者的主要内容为《灶王神经》，通常与《太阳真经》《太阴真经》等合辑。这些善书，庶民大众每每视之为宗教性宝典，书中所阐明的德目和禁忌，曾经对黎民百姓发生深刻影响。

　　限于篇幅，本文只谈《司命灶君宝卷》（简作《灶君宝卷》）。《灶君宝卷》先叙述灶君来历，再铺陈灶君拟订居家十二条禁约的经过：

　　　　却说乾坤既定，疆域以分，人事繁杂，善恶纷呈，天神地祇，查察难周。尔时有一真人，名曰妙行，敬奏玉帝："下界人烟辐辏，善恶多端，诸神难于考察。南方昆仑山，有一神人，姓张名单，坐在火石上，修炼已久，灵通广大，变化无穷，何不敕召下降，使掌人间烟火，稽查一家善恶。"玉帝准奏，即敕真符召见……"灶君承旨，变化无穷，做了各家灶神。"玉帝大喜，因问用何治法，灶君手捧奏折一本，呈上奏曰："臣于接旨之时，即在山中，敬拟禁约十二条，敬呈御鉴，是否有当，伏乞批示遵行。"

这十二条禁约，就是灶神信仰的十二项德目，谨胪列于后：

第一：一禁约，怨寒暑，呵风骂雨。天与神，地与祇，敬礼宜诚。

第二：一禁约，逆父母，不敬翁姑。兄与弟，夫与妇，俱宜和亲。

第三：一禁约，虐子女，打骂婢妾。待媳妇，待卑幼，当言慈心。

第四：一禁约，轻尊长，不祀先灵。妯与娌，姊与妹，宜有恩情。

第五：一禁约，敲锅灶，掷毁器皿。遇米谷，见字纸，敬惜宜勤。

第六：一禁约，贪口腹，妄杀生命。牛与犬，雁与鳢，永勿煮烹。

第七：一禁约，露身体，歌唱哭泣。厨房中，新产妇，更宜回避。

第八：一禁约，提尿屎，灶前打骂。厨灶下，小孩童，不宜放置。

第九：一禁约，毛与骨，入灶焚烧。秽柴草，乱头发，俱宜捡弃。

第十：一禁约，猪圈厕，逼近厨房。臭秽气，能除尽，神明欢喜。

第十一：一禁约，踏灶门，厨中缠脚。秽鞋袜，湿衣衫，勿烘灶里。

第十二：一禁约，厨灶上，夜放物件。饭毕后，收拾净，焚香敬礼。

清同治十二年印制的灶君年画，右为灶君，左为灶王娘娘

（维基百科提供）

因为烹饪之事大都由女子为之，所以这十二条禁约的劝化对象以女子为主。第一至第六条，偏重妇女人际关系与伦理教化；第七至第十二条，可说是厨房礼仪，或厨房卫生守则。

第七条禁约在教化妇女不可在灶前赤身露体、歌唱哭泣，亦禁止产妇在厨房中出入。厨房温度较高，如赤身露体，既不雅观，又容易感冒，并容易被沸油溅伤。禁止妇女在厨房唱歌、哭泣，可解释为情绪过于激动时，不宜下厨烹饪，以免厨艺失误，或因心神不集中而误伤自己。产妇禁止下厨，可解释为产妇恶露未止，近灶将亵渎神明；亦可解释为产妇体弱，不宜下厨劳作。

第八条禁约在教化妇女不可将屎尿提入厨房，不可在灶前打骂孩童，亦不可将孩童放置灶下。屎尿等秽物不但恶鼻熏人，也容易经由接触将其中的病原体感染食品，故禁止入厨。禁止在灶前打骂孩童，是因为厨房中有锅铲、菜刀等器具，如一时失手，将酿成大祸。再者，饭前打骂孩童，会影响母亲与子女的情绪，有碍消化。不可将孩童放置灶下，是因为害怕为火所伤，或为失手掉落的刀、铲等器物所伤。

第九条禁约在教化妇女不可将毛骨、秽草、乱发入灶焚烧。毛骨、秽草、乱发入火都会产生异味，不但会熏染食物，也将影响操厨者健康。

第十条禁约在教化妇女（及家人）不可将猪圈、厕所设于厨房近处，以维护厨房卫生。旧时农家大多养猪，厕所常与猪圈为邻。为使厨房远离猪圈、厕所，故有此项禁约。

第十一条禁约在教化妇女不可脚踏灶门，不可在厨房缠脚，不可在灶上烘烤鞋袜、湿衣。脚踏灶门既不雅观，又容易摔伤，导致危险（特别是怀孕时）。厨中缠脚有碍卫生；在灶上烘烤鞋袜衣物，会产生异味。

　　第十二条禁约在教化妇女不可于夜间在厨灶上放置物件，吃过饭后应将厨房收拾干净。厨灶上堆置物件，易遭蟑螂、老鼠破坏、污染，所以必须洗刷干净，归还原位。

　　上述六条禁约，可说是利用神道设教所订定的厨房卫生守则。《司命宝训》和《东厨司命真经》也有相似的禁约。在灶神信仰深入人心的传统社会，这些守则在卫生教育上的社会功能不可等闲视之。

　　（根据论文《善书与医疗卫生》第一节"灶神信仰与厨房卫生"增删损益而成，原刊于《思与言》第 30 卷第 4 期，1992 年 12 月）

达·芬奇的人体解剖图稿

世人但知达·芬奇为不世出的画家，很少有人知道他也是解剖学先驱之一。他的解剖图稿都附有大量注记，故知其绘制目的是为了科学，而不是为了赏心悦目。

巨匠达·芬奇（1452—1519）在其《画论》（*Treatise on Painting*）中曾提出这样的命题："绘画是不是科学？"对现代人来说，这个命题并不值得讨论，但对崇尚科学的文艺复兴时期来说，达·芬奇所提的命题却是大哉问。达·芬奇自问自答，认为绘画是一种科学，他在《画论》中说：

> 不借助科学，即不能理解自然……如不借助数学，一切观察即不能称其为真正的科学……绘画作为科学，其要义为点、线、面、体。

换句话说，达·芬奇认为：科学的特点是以数学表述，以实验求证；而绘画的语言为欧氏几何的点、线、面、体，所以绘画也是一种科学。

达·芬奇的论点，除了反映他本人的博学多能，也反映了当时的时代思潮。文艺复兴的意义，在于推翻中世纪的神权束缚，重新认识自然和自我。西方的崇尚人文与科学，就是从文艺复兴开始的。

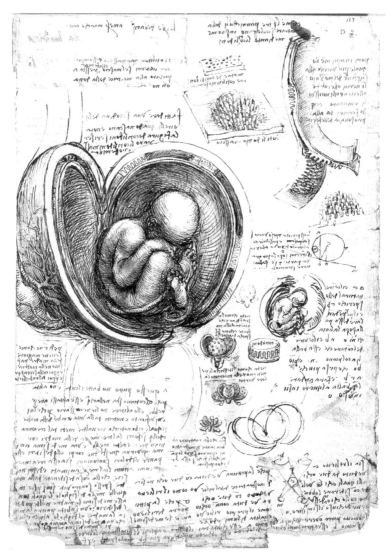

达·芬奇研究子宫与胚胎发育的解剖画稿

（维基百科提供）

然而，在文艺复兴时期，以学术为事（职）业的大学教授们往往较为保守，而达·芬奇等民间学者却走在时代前沿，开风气之先。以公元 1495 年所出版的西方第一本插图医学书《医学汇编》（*Fasciculo de Medicina*）的《解剖课》一图为例，授课的教授高踞太师椅，照本宣读盖伦（Aelius Galenus，129—200）著述，生徒们则围观理发匠（彼时理发匠兼理外科医师）助手操刀示范。一切都在既定之程序下进行，谈不上实验和实证。而差不多同时，达·芬奇曾亲自解剖过数十具男女尸体，画下大量解剖图稿。两相比较，谁较能掌握时代运会已不言可喻。

达·芬奇勤于观察和实验，又长于丹青。科学和绘画相互为用，使其所绘制的解剖图稿和植物图稿无不栩栩如生。这些图稿都附有大量注记，故知其绘制目的是为了科学，而不是为了赏心悦目。

可惜的是，达·芬奇未能将其观察统摄为理论，所以他没有成为历史上的重要科学家。另一方面，达·芬奇不能用拉丁文写作，甚至连阅读拉丁文也有困难，这使他不易打入"正统"的学术圈。对于主流学者的批评，达·芬奇不假辞色："他们的工作浮夸而虚饰，因人成事，没有资格议论我的得失！"

达·芬奇及其同时代的艺术家们对科学最大的贡献是，将人们的视野拓宽。他们经由亲见目睹，而不经由前人著述，对传统的权威说法提出挑战。他们更以其高超的画艺，为其观察留下生动的纪录。他们创立了一种新的氛围，为日后的科学革命（现代科学的建立）奠下基础。

（摘自《文艺复兴时期艺术家对科学的贡献》，

原刊于《科学月刊》1997 年 9 月号）

从北里柴三郎说起

细菌学是 19 世纪的显学。日本赶上时代运会，培养出北里柴三郎等世界级细菌学家，同时代的中国仍不知细菌学为何物。

最近看到刘仲康教授的《黑死病——中世纪的天谴》一文，引发我写这篇杂感。

刘文叙述法国细菌学家耶尔辛发现鼠疫杆菌的经过："公元 1894 年，香港发生鼠疫，耶尔辛明了在香港有较佳的设备可供他研究此症，因此他离开越南动身前往香港。在同时，一位来自日本的微生物学者北里柴三郎也专程自日本来到香港进行鼠疫病原菌的研究……"

早在二三十年前，我就知道细菌学界有北里柴三郎（1852—1931）这号人物。他和耶尔辛共同发现鼠疫杆菌的事（现已证实，北里发现的不是鼠疫杆菌），对我来说也是常识。但北里到香港研究鼠疫的年代——1894 年，却是过去所没注意过的。

1894 年，我反覆在心中咀嚼，这不正是甲午战争那一年吗？当日本有了北里这种世界级的大科学家时，咱们中国又是个什么样子？隐约间，我似乎已为中国的战败找到了答案。

从 1894 年，我又想起了另一个年代——1868 年。这一年日本改元明治，维新运动随即如火如荼地展开。从明治元年到 1894

年不过短短二十六年，日本就能拥有北里这种人物，其雄迈勇锐，不能不让人佩服。

根据常识，北里是科赫的学生，所以下意识地觉得，北里大概也和几位华人诺贝尔奖得主一样，是外国人培养出来的。但事实不然，查阅《中国大百科全书·近代医学卷》，才知道北里是日本的"土博士"，而且在获得东京大学医学博士的第二年（1884），就发现了霍乱弧菌。"没有三两三，哪敢上梁山"，北里是怀着一身本事投身科赫门下的啊！

北里获得东京大学医学博士这一年——1883 年，距离明治元年（1868）才不过十五年！这又让我悚然而惊。日本学习西学，也几乎从头开始，他们这么快就能培养出自己的，而且有国际水平的土博士，简直匪夷所思。日本的十年树人，创造了教育奇迹。

北里柴三郎在科赫实验室做破伤风研究，摄于 1889 年

和日本的"新速实简"比起来，咱们中国人不免为之汗颜。如以北里为指标，台湾地区要在北里之后约九十年（20世纪70年代初）、中国大陆要在北里之后约一百年（20世纪80年代），才能培养出自己的科学土博士。程度呢？尽管两岸土博士已经车载斗量，但似乎还没有一位达到北里般水平。

读者诸君如果认为北里只是个孤例，那就错了。以细菌学来说，名声仅次于北里的志贺洁、野口英世、秦佐八郎等，也都是明治时代日本自己培养出来的。其他学门如何我不清楚，想来应该都有自己培养出来的人才。总之，日本学习西方科技，一开始就有本土化的规划。日本之所以能够"超英赶美"，良有以也。

华裔美国人朱棣文荣获诺贝尔奖，在举国欢腾中，我们不免要问：要到什么时候中国的土博士或本土科技工作者也能获此殊荣？顾盼海峡此岸与彼岸，似乎还遥远得很呢！

（原刊于《科学月刊》1997年11月号）

维生素 B₁ 的发现

公元 1886 年，荷兰学者艾克曼发现脚气病和食物中缺少某种成分有关。1912 年，波兰生化学家芬克给这类营养物取了一个新的名儿——维他命。

我们从小学就读到，缺乏维生素 B₁ 会生脚气病，那么维生素 B₁ 是怎么发现的？

现今的印尼，过去是荷兰的殖民地。1886 年前后，荷兰政府派遣生化学家艾克曼（Christiaan Eijkman，1858—1930）医师前往印尼，担任雅加达陆军医院的检验科主任，顺便研究脚气病。脚气病主要发生在东方，印尼土著患这种病的人很多。

当时细菌学刚刚兴起。1882 年，德国医生科赫发现了结核杆菌，一时风起云涌，白喉、霍乱、破伤

艾克曼像，摄影时间不详
（维基百科提供）

风、肺炎、鼠疫、赤痢等病原体纷纷现形，细菌学因而成为科学界最热门的学科。脚气病是不是细菌引起的？这就是艾克曼的研究课题之一。

艾克曼一上任就积极地投入工作，他用细菌学的方法，在脚气病患者的排泄物中寻找病原体，连续工作了三个月，什么也没找到。助手们都心灰意冷，但艾克曼心想："科赫发现结核杆菌前后费时半年多，我才工作了三个月，怎能轻易地下结论！"于是他改变方法，将患者的分泌物注射到鸡身上，看看会不会感染脚气病。结果一点儿致病的迹象都没有。此路不通，艾克曼就把那些鸡放在医院的后院里，暂时不去管牠们了。

过了一段时间，照顾那些鸡的阿兵哥跑来对艾克曼说："先生，那些鸡都病了！可能过不了几天就会死光光，我看干脆丢掉算了。"艾克曼来到后院，那些鸡全都翅膀下垂，头颈弯曲，双脚不稳，一副就要倒毙的样子。艾克曼看着那位阿兵哥，以略带严厉的口气问道：

"你是不是没喂牠们？"

"怎么没喂，我天天用病人吃剩的米饭喂牠们啊！"

艾克曼将目光再移向那一群鸡，蓦然间他若有所悟，那些鸡的症状不就是脚气病的症状吗？停滞了的研究重又燃起生机。

然而，正当艾克曼预备重新出发的时候，军医院来了一位新院长，对艾克曼大打官腔："你用医院的米饭喂鸡，这是浪费公帑！"

艾克曼向院长解释："报告院长，我是在做脚气病的研究。"

"脚气病研究？"院长以训斥的口气说，"你的任务是检验，不能本末倒置，要做研究，就买些糙米喂鸡好了，不能再用医院的白米饭！"

说也奇怪，那些奄奄一息的鸡，吃了糙米立即恢复健康。这个意外事件使他得到启发。他把鸡分成两组，一组只喂白米饭，一组只喂糙米饭，结果前者得了脚气病，后者没有毛病。他又在白米饭中加入米糠，结果得病的鸡很快就痊愈了。这些实验使艾克曼得到两项结论：其一，脚气病和病原体无关；其二，白米饭中或许缺少某种重要的养分。

这时艾克曼读到日本军医高木兼宽的论文："米饭搭配上大麦、蔬菜和肉类，就不会得脚气病。"换句话说，只要营养均衡，就不会得脚气病。看来这根本是个营养问题嘛！

艾克曼征得殖民地政府同意，用监狱里患脚气病的犯人做实验。那些犯人虽然一肚子不高兴，但吃了糙米饭，脚气病却痊愈了。至此艾克曼得出结论：米糠中含有一种维持生命的养分。

艾克曼的发现说明，养分不止是糖类、蛋白质、脂质和矿物质，还有一些不可或缺的东西。1906 年，英国生化学家霍普金斯爵士（Frederick Gowland Hopkins）给它取名"辅助因子"。1910 年，日本的铃木梅太郎在米糠中分离出一种成分，证明就是艾克曼所说的那种养分。1912 年，美籍波兰生化学家芬克（Casimir Funk）给这类营养物取了一个新的名儿——维他命（意译维生素）。这个新名儿一直沿用至今。

芬克像，摄于 1964 年
（维基百科提供）

（原刊于《国语日报》2001 年 11 月 22 日）

古时的摇头丸——五石散

魏晋时，清谈之士流行服食一种称作"五石散"的方剂，服食后精神亢奋，浑身燥热，循环加快，有如现今的摇头丸。

曹丕称帝（魏文帝）后不到七年就去世了，继位的曹叡（魏明帝）也只当了十二年皇帝，接着由曹芳（齐王）继位，年号正始。这时曹魏已名存实亡，大权落在司马氏手里。

从司马懿到他的两个儿子司马师、司马昭，一个比一个专横，他们说一套做一套，弄得是非错乱、价值失序。知识分子为了避祸和排遣苦闷，过着颓废、荒诞、喜欢清谈的生活，这种风气称为正始玄风。

正始玄风时期，清谈的内容主要是《易经》《老子》和《庄子》，合称"三玄"。清谈时挥动着一种像小扇子般的道具——麈扇，就是用麈鹿（四不像鹿）的尾毛编的小扇子。传说麈的尾巴不沾尘土，士大夫用来象征自己的高洁。

清谈之士还流行服食一种称作"五石散"的方剂，其成分说法不一，《抱朴子》载为丹砂（硫化汞）、雄黄（硫化砷）、白矾（硫酸铝钾）、曾青（硫酸铜）和磁石（四氧化三铁），其中丹砂、雄黄有毒。五石散可能就是将这五种矿物，加上其他药物，依照一定比例所制成的散剂，唯详情已无从稽考。

　　清谈之士服食五石散，据说和曹操的赘婿何晏（平叔）的倡导有关。何晏说："服五石散，非惟治病，亦觉神明开朗。"魏晋时期男子以肌肤白皙为美，何晏是著名美男子，皮肤尤其白皙，人们遂认为和服食五石散有关。

正始玄风时期的代表人物为竹林七贤。图为 16 世纪
中叶日本佚名画家所绘《竹林七贤图》

（维基百科提供）

　　何晏的皮肤有多么白呢？据说比擦了粉还要白。《世说新语·容止第十四》："何平叔美姿仪，面至白。魏明帝疑其傅粉，正夏月，与热汤饼。既啖，大汗出，以朱衣自拭，色转皎然。"何晏在皮肤上抹粉，擦掉粉后肌肤竟然更为洁白。这就是成语"傅粉何郎"的出典。

　　五石散原本是用来治疗寒症的方剂，魏晋时却演变为"毒品"，作用有如现今的摇头丸。服食后精神亢奋，浑身燥热，往往宽衣缓带，或脱衣裸袒。由于服食后循环加快，也用于壮阳。但五石散究为毒物，长期服用戕害健康，曹魏时的相士管辂形容何晏："魂不守宅，血不华色。"清谈之士寿多不永，或与服食有关。

到了唐代，药王孙思邈在其《千金翼方》中呼吁世人："遇此方，即须焚之，勿久留也。"唐代以后便无人再用此方，也就渐渐失传了。

(摘自《目送归鸿，手挥五弦》，原刊于《诗说历史》，
台湾商务印书馆，2014 年 2 月)

西班牙流感之谜

第一次世界大战期间，西班牙流感横扫全球，比战争的死亡人数还多！2005年，科学家从阿拉斯加永冻层中的尸体中找到西班牙流感的病毒，揭开了世纪之谜。

20世纪曾发生四次流感大流行，都是A型病毒惹的祸，其中1918至1919年的西班牙流感横扫全球，死亡人数达两千万至五千万！较一次世界大战的死亡人数还多！这场大瘟疫来无影、去无踪，没人知道它是怎么引起的？它到底属于哪一亚型？它的基因序列是什么？几十年来，许多科学家想解开这谜题，但一直摸不着头绪。

揭开西班牙流感病毒的秘密，可不是件简单的事。西班牙流感病毒早已销声匿迹，疫情盛行时人们还没有能力保存病毒。因此，想了解西班牙流感，只有两个办法：其一，取得当年死者的病理组织；其二，取得当年患者的尸体。

这方面的研究，主要是由美国陆军病理研究所的陶本伯格（Jeffery Taubenberger）的研究团队完成的。他们在一处库房，找到一位死于西班牙流感的士兵的肺部样本，尽管病毒已经支离破碎，但利用生物科技，仍找到九段病毒的RNA"碎片"，根据这些碎片分离出五个基因（流感病毒有八个基因）。他们的论文发表在1997年3月出版的《Science》上。美国的《Science》和英国的《Nature》是最具权威的科学期刊，全球科学家莫不以在这两份刊物上发表论文为荣。

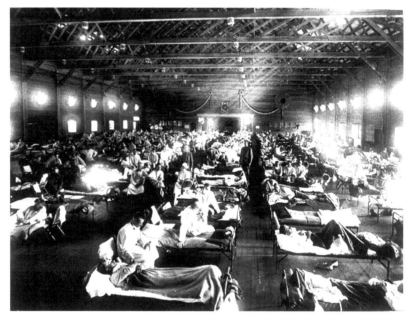

美国堪萨斯州芬斯顿野战医院中的西班牙流感病患，
摄于 1918 年（翌年 2 月间刊出）

（维基百科提供）

"八十多年前的凶手还没接受正义的审判，"陶本伯格说，"我们要把它找出来。"这篇论文被退休病理学家哈尔丁（Johan Hultin）看到了，不禁想起当研究生时的一段往事。……1951 年，哈尔丁曾经到阿拉斯加的布瑞维格米申（Brevig Mission）冻土地带挖掘过尸体，但以当时的技术，只能做点病理切片，不可能有什么重大的收获。

七十二岁的哈尔丁和陶本伯格联络后，只身来到当年他挖掘坟墓的村落。这个村落位于白令海峡附近，居民是因纽特人，西班牙流感大流行时，村里的七十二名成年人，只有五名幸存。

起初村民不准哈尔丁挖坟，所幸村里的女长老还记得他，在女长老的劝导下，哈尔丁在墓穴中发现了一具冰冻得相当完好的女尸，取出肺部组织，交给陶本伯格。新获得的样本补足了士兵肺部组织样本缺失的部分，经过几年的"拼图"，研究人员终于将各个片段拼合成完整的基因序列。西班牙流感病毒现形了！

陶本伯格等的论文发表在 2005 年 10 月 7 日出版的《Nature》上，西班牙流感属于 H1N1 亚型，研究报告说，西班牙流感病毒的基因组有些和禽流感病毒接近，它的八个基因和人流感病毒存在着显著的差异，这表明它是从禽流感病毒而不是从人流感病毒演变来的。用陶本伯格的话说："它是所有哺乳类流感病毒中最像禽流感病毒的。"这一科学发现告诉我们，从禽流感病毒过渡到人流感病毒，并非遥不可及的事。

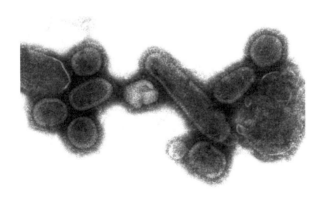

复原的西班牙流感病毒

（维基百科提供）

同一期的《Nature》上，还刊出美国疾病控制及预防中心（CDC）的坦培（Terrence Tumpey）等的一篇论文，坦培等将西班牙流感病毒的八个基因注入人或动物的细胞内，经过病毒的繁殖过程，竟然使西班牙流感病毒复原了！

您或许会问：坦培复原的西班牙流感病毒会不会使人感染？当然会！复原的病毒"关"在防护重重的实验室里，除非有人有意使坏，或是研究人员疏忽，正常情形下是不会让它跑出来的。2014年7月间媒体报导，过去十年美国CDC曾发生五起安全疏失，包括不慎将H5N1混入普通流感病毒，送至不知情的其他实验室。这五起疏失虽未造成祸害，但却告诉我们：人的因素有很多变量，什么事都有可能发生。

（摘自《与您谈流感》，原刊于《白话科学——原来科学可以这样谈》，开学文化，2015年2月出版）

王莽解剖王孙庆

王莽时，东郡太守翟义造反，遭株连三族，余党王孙庆于九年后落网，王莽下令作活体解剖。本文指出《灵枢》的资料，可能就是得自这次解剖。

中医典籍首推《黄帝内经》（简称《内经》）。《内经》包括两部分：《素问》和《灵枢》，前者讨论医理，后者专谈针灸。《灵肠胃篇》不但记载了肠、胃的形态，也记载了肠胃道的量度——如重量、宽度、长度。形态可借经验得知，量度却非实地丈量不可。

《灵肠胃篇》，记述从口腔到直肠的解剖数据，包括食道、胃、小肠、大肠的长度、宽度、重量、容量等，全文如下。

黄帝问于伯高曰：余愿闻六府传谷者，肠胃之大小长短，受谷之多少奈何？伯高曰：请尽言之，谷所从出入浅深远近长短之度：唇至齿长九分，口广二寸半；齿以后至会厌，深三寸半，大容五合；舌重十两，长七寸，广二寸半；咽门重十两，广一寸半。至胃长一尺六寸，胃纡曲屈，伸之，长二尺六寸，大一尺五寸，径五寸，大容三斗五升。小肠后附脊，左环回日迭积，其注于回肠者，外附于脐上。回运环十六曲，大二寸半，径八分分之少半，长三丈三尺。回肠当脐左环，回周叶积而下，回运还反十六曲，大四寸，径一寸寸之少半，长二丈一尺。广肠传脊，以受回肠，左环叶脊上下，辟大八寸，径二寸寸之大半，长二尺八寸。肠胃所入至所出，长六丈四寸四分，回曲环反，三十二曲也。

引文中之小肠，约略与现今之小肠同义。回肠、广肠，应指大肠，但确切意义不明。引文中食道（咽门至胃）长一尺六寸，肠（小肠加大肠）长五十六尺八寸，两者的比值一比三十六，恰与《格氏解剖学》（*Gray's Anatomy*）的比值相合。证明《灵肠胃篇》所载的量度，是有真凭实据的。

《灵骨度篇》，是根据一位身高七尺五寸的人量度的。七尺五寸应该是个中等身材的人，因为"骨度"的目的，是标定身体各部位的长度，以便作为针灸取穴

光绪五年（己卯，1879）镌刻《黄帝内经灵枢注》

的准则。战国、秦、汉，一尺约为二十三厘米左右，换算之下约一百七十二厘米，正是中等人的身材。

这位身高七尺五寸的人是谁？根据《汉王莽传》，东郡太守翟义造反，遭株连三族，余党王孙庆于九年后落网，王莽下令作活体解剖："翟义党王孙庆捕得，莽使太医、尚方与巧屠共刳剥之，量度五藏，以竹筳导其脉，知所终始，云可以治病。"这是正史上的第一次解剖记录。

王莽杀了王孙庆，量度其五脏，通导其血管，我们不免起疑：肠胃篇及骨度篇所载的量度资料，是不是来自王孙庆？早在 20 世纪 80 年代初，我在写作《我国古代的解剖学沿革》一文时，就曾这样臆测过。食道与肠的比值，恰与《格氏解剖学》的比值相合，也是撰写该文时观察到的。

王莽像
（维基百科提供）

去秋在网上看到中研院史语所李建民的《王莽与王孙庆——记公元一世纪的人体刳剥实验》，文中引用日本山田庆儿的研究，认为《灵枢》的《骨度》《脉度》《肠胃》《平人绝谷》等篇，与王莽刳剖王孙庆有关。

《灵枢》以伯高与黄帝对话行文（《素问》以岐伯与黄帝对话行文），山田称之为"伯高派"。山田说："我假定伯高派活跃于王莽的新朝时期，所有的论文撰写都是这时完成的。"山田的几篇论文发表于 20 世纪 90 年代，较拙文约晚十年。可惜拙文不曾发展成正式论文，在这个命题上未能占得一席之地。

（2016 年 2 月 10 日）

地理、农业类

辑四

楼兰遗址的发现

公元 1900 年，瑞典探险家斯文·赫定无意中发现了楼兰遗址。楼兰濒临罗布泊，当罗布泊干涸了，楼兰跟着成为废墟。面对大自然，人类必须谦卑。

盛唐诗人王昌龄写过一首《从军行》：

青海长云暗雪山，孤城遥望玉门关。
黄河百战穿金甲，不破楼兰誓不还。

大唐贞观、开元年间，文治、武功盛极一时，不少读书人到军中当幕客，写下许多描写边疆和战地的"边塞诗"。有些诗人虽没到过边疆，但也喜欢以边塞作题材，王昌龄就是其中之一。

王昌龄的这首《从军行》，最有名的是最后一句——不破楼兰誓不还，常被引用来表现少年意气和建功立业的决心。

汉武帝时，张骞通西域，中国的势力开始进入天山南、北麓，距离边关——阳关（今敦煌附近）最近的楼兰，随即被中国征服。根据《汉书》的记载，当时的楼兰有一万四千一百人，在丝路南道的绿洲城邦中，算是最大的了。

然而，不知什么原因，大约从五世纪初（南北朝时），作为丝路南道门户的楼兰，开始退出历史舞台。渐渐地，楼兰成为文人笔下的一个典故，而不是一个具体的地名，当王昌龄写作《从军行》时，真实的楼兰已不存在了。

于是，楼兰成为地理和历史上的一个谜。它到底在哪里？什么时候消失的？谁也提不出确切的答案。直到 1900年，瑞典探险家和地理学家斯文·赫定（Sven Hedin，1865—1952）无意中发现了楼兰遗址，谜底才算初步揭晓。

斯文赫定的探险事业，主要是在新疆和西藏进行的，其中罗布泊是重点之一。罗布泊曾经是个大湖，中国古代的地图上都画着它的位置。后来因为气候变迁，大部分的湖面都

瑞典探险家斯文·赫定。取自
In Unexplored Asia in McClure's
Magazine, December 1897
（维基百科提供）

干涸了，只剩下一些零星的小湖泊和沼泽，原有湖址已扑朔迷离。

1876 年，俄国探险家普热瓦尔斯基前往寻觅，在古地图所绘位置以南整整一个纬度，终于找到了罗布泊旧湖址。是中国古地图画得不准确吗？斯文·赫定的老师——德国著名地理学家李希霍芬（Ferdinand von Richthofen）教授提出"漂泊的湖"的说法，认为塔里木河的支流会作周期性的改道，因而造成罗布泊南北漂移。

1900 年，三十四岁的斯文·赫定第二次到罗布泊一带探勘（第一次是 1895 年），希望进一步证实李希霍芬的理论。3 月 27 日，斯文·赫定写道："我们又碰见死的树林，都是些腐朽的，为沙所剥裂的灰色树干。蜗牛壳有时被风扫到洼地里，在我们的脚下喳

喳作声，就好像秋天公园里的干树叶一样。"看来那附近曾是古时的河床或湖床吧！

一座楼兰寺院遗址的木雕。取自斯文·赫定著、李述礼译
《亚洲腹地旅行记》(开明，1960 年台一版)

　　当天下午，他们看到几间废弃的木屋，在里面挖到一些古钱。这时饮水快用光了，不得不赶快离开。走了二十几公里，在一处洼地上看到几棵活着的胡杨树，知道地下水不会太深，决定停下来掘井，这时才发现铲子不见了。在沙漠中旅行，铁铲攸关性命，一位叫欧得克的维吾尔族队员坦承，是他遗忘在那几间破屋子里，自愿回去寻找。第二天，欧得克带回几块雕镂精细的木板，并带回惊人的消息：那儿岂止是几间废弃的木屋，而是一座古城遗址！

　　1901 年 3 月，斯文·赫定专程到古城遗址挖掘，找到许多文物和木简、纸片。斯文·赫定不是考古学家，他把出土的资料交给专家鉴定，报告很快就出来了，原来他所发现的古城遗址，就是历史上的楼兰！

当罗布泊还是个烟波浩渺的大湖时，楼兰就坐落在湖滨，迎接着丝路上东来西往的骆驼商队。但曾几何时，罗布泊干涸了，楼兰跟着成为废墟。楼兰的故事告诉我们，和大自然比起来，人的力量何等微弱！人类必须学会谦卑，这不仅是一种道德，也是人类的自处之道。

（原刊于《国语日报》2001 年 11 月 8 日）

火山岛圣托里尼

> 近四十万年内，该岛毁灭性爆发有一百多次，最后一次约发生在三千六百年前，传说的"亚特兰蒂斯"故事，可能就是源自这次毁灭性灾难。

爱琴海渡假胜地圣托里尼是座火山岛。该岛火山研究、监测机构出版一本小册子——Santorini《The Volcano》，在序言中说："圣托里尼是地球上最猛烈的火山之一，它是座巨大的露天地质学、火山学博物馆，在世界上独一无二。"

圣托里尼位于克里特岛以北约一百二十公里，是西克拉德斯群岛最南的一座岛屿。最大岛 Thira（狭义的圣托里尼），面积约七十三平方公里，大致呈新月状，西侧为悬崖峭壁，最高处达三百五十米；东侧地势缓和，有许多优美海滩。

Thira 以西，有 Thirasia、Aspronisi 两座离岛，三座岛屿中央的海中，有两座新生岛屿——Palea Kameni（旧生岛）和 Nea Kameni（新生岛），前者形成的历史不到两千年，后者只有四百三十年，至今地下的火山仍然蠢蠢欲动。

约两百万年前，因火山作用地壳隆起，形成原始的圣托里尼。在最近的四十万年内，毁灭性爆发就有一百多次，每次都增添一层新岩层，面积也愈来愈大。每次爆发，常将岛屿的大部分摧毁，但接续的爆发又使之重新建构。

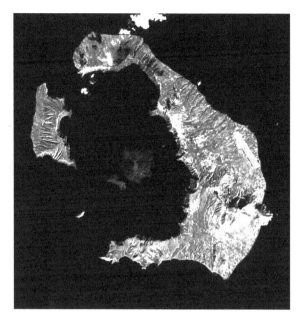

圣托里尼卫星图，NASA 拍摄，维基百科提供。三千六百年前的一次火山爆发，岛屿中央陷落成世界上最大的火山口。火山口中较大、较不定型岛屿为新生岛，左侧较小、且有植被覆盖者为旧生岛

　　最后一次毁灭性爆发，发生在约三千六百年前，当时岛上已发展出克里特岛米诺安文化的高度文明，因而称为"米诺安爆发"。这次爆发摧毁了岛上的文明，甚至远在一百多公里外的米诺安文明。大爆发使得岛屿中央陷入海中，形成世界上最大的火山口，Thira 和 Thirasia、Aspronisi 即其残存部分。传说的"亚特兰蒂斯"，可能就是源自这次毁灭性灾难。

　　进入信史时期，陷落海中的火山一共爆发过九次，分别是公元前 197 年、公元 46 至 47 年、726 年、1570 至 1573 年、1707 至 1711 年、1866 至 1870 年、1925 至 1928 年、1939 至 1941 年、1950 年。Palea Kameni 是公元 46 至 47 年那次爆发萌芽的；至于

Nea Kameni，要到 1570 至 1573 年那次爆发才露出端倪。

1866 年的圣托里尼火山爆发情景，London News 版画，取自 Travelling among the Cyclades Islands 16—19 century, cultural centre Magalo Gyzi, Santorini

在圣托里尼遥望 Palea Kameni 和 Nea Kameni，就像只横卧海中的两只怪兽，狰恶得令人生畏。其中 Nea Kameni 当地人径称"火山"，1573 年之后的五次爆发，都在这座"新生岛"上发生。

（原刊于《科学月刊》2003 年 12 月号）

于右任为中南半岛正名

于右老为中南半岛正名的论文，刊于 1941 年 2 月 9 日
重庆《大公报》。作者在政大图书馆"1949 年前重要剪报数
据库"中找到这篇重要文献。

于右任先生 1964 年 11 月 10
日去世，寒舍有先父所遗《于右
任先生纪念集》，其中有"《中央
日报》"地图周刊主编宋岑短文
《地理正名百代功——敬悼于右
任先生》，谓于右老曾为文倡议
改印度支那半岛为中南半岛，从
此通用全国云云。

《于右任先生纪念集》约
1966 年出版，亦即早在 1960 年
代我就知道于右老为中南半岛正
名的事。宋岑文未说明于右老于
何时、撰写何文倡议正名。1980

于右任先生晚年像
取自《于右任先生纪念集》

年代初为编《环华百科全书》，曾到图书馆查过，茫无所得。2014
年中秋期间，为了"大家谈科学"补白，上网试试，没想到竟然
查到了！政大图书馆有"1949 年前重要剪报数据库"，于右老的

论文《"中南"半岛之范围与命名问题》，刊于 1941 年 2 月 9 日重庆《大公报》。

1941 年 1 月 5 日，重庆《大公报》刊出陈碧笙先生文章，建议将"印支半岛"改称"中印半岛"，其范围应包含云南。于右老论文不赞成将云南列入半岛；关于半岛名称，于右老说：

> 至于"印度支那"一名，原系日人对于西文之译名，而"支那"一词含有轻视之意，陈先生主张更改，予亦主张更改。

> 查一地区之命名也，或依其过去史迹，或依其所处地理位置，或依其特殊政治情形，或依其山川河流，或依其民族习俗等。西人名之为，实其界于中国与印度之间，仅就"半岛"之地理位置而言也。予今提议命名为"中南半岛"，请述其理由如次：

> 先就历史言，"中南半岛"自有史以来，早为中国政治文化势力所及之地，越南关系尤密，直接为中国郡县者一千余年，且半岛各地完全脱离我国尚不及六十年（1885 年越南割与法，1886 年承认英人治缅）。我先民披荆斩棘，移殖繁衍于"半岛"上也，有史可稽，故"半岛"上之风俗习惯，今尚留有旧风。再以其种族而言，"半岛"上诸民族皆我中华民族之旁系，有密切之血缘，故"半岛"与中国之关系，可谓厚矣！再以其地理位置而言，"半岛"居中国之南部，扼我西南边疆滇桂等省之门户。……更以"半岛"上之山川河流而言，其大部亦系自北而南，与横断山区之山川相同，诸水且大抵皆源于我国境内，而我国西南边疆与"半岛"接界之

处，因横截山川，极不自然，故多年有片马、江心坡等处划界之困难，而要足证明，中国与半岛形势相关之密切也。今改"半岛"之名曰"中南半岛"，足以使国人纪念警惕，表示其地居中国之南部，亦指示"半岛"在中国与南洋之间。……愿国内地理学家详论而倡导之！

于右老论文刊出后，各界翕然景从，中南半岛遂成为全球华人之定称。

（原刊于《科学月刊》2014 年元月号）

谈谈大陆漂移

> 将大西洋两岸拉近，非洲和南美洲大致可以嵌合，这是偶然的吗？1915年，地质学家魏格纳提出大陆漂移学说。本文叙说从大陆漂移到板块理论的历史。

不知您可曾注意过，如将大西洋两岸拉近，非洲和南美洲的海岸线大致可以嵌合，这只是偶然现象吗？

早在16世纪，绘制第一份世界地图的奥特流斯（Abraham Ortelius）就注意到，大西洋两岸的海岸线有分离的痕迹。奥氏认为，潮汐和地震的力量，将两个大陆扯开，进而愈行愈远。1915年，德国地质学家魏格纳（Alfred Lothar Wegener，1880—1930）出版《大陆与大洋的起源》（*The Origin of Continents and Oceans*）一书，提出"大陆漂移"学说，设想在古生代石炭纪以前，大陆由盘古大陆构成，周围围绕着辽阔的海洋。到了中生代末期，盘古大陆在天体引力和地球自转所产生的离心力作用下，破裂成若干块，逐渐形成今日各大洲和大洋的分布状况。

大陆漂移学说虽然言之成理，但对于漂移的"动力"，却一直提不出合理的解释，所以这个学说曾经沉寂一段时间。到了20世纪50至60年代，逐渐发展出板块构造理论，认为地壳由板块拼合而成，由于海底扩张，海洋和陆地的相对位置不断变化，因而造成板块的移动，也就仿佛是大陆漂移。

　　这样看来，海底扩张就是魏格纳大陆漂移的动力喽！那么海底为什么会扩张？动力从哪里来？原来在大洋中，板块接壤处有绵亘万里的海底火山构造，高约二千至三千米，宽约五百至一千千米，称为"中洋脊"。中洋脊的中央为海底裂谷，地函的热对流，使得岩浆从裂谷中不断涌出，冷却成玄武岩，形成新的海洋地壳，将较旧的地壳向两旁推挤。因此，离中洋脊愈远的地壳愈老，而中洋脊中央则是最年轻的新生地壳。

　　另一方面，当两个板块碰撞时，一个板块的边缘会插进另一板块之下，进入软流层，被地函的高热熔化，这个过程称为"隐没"（大陆译俯冲作用）。陆地板块较海洋板块轻，海陆板块碰撞时，一般而言，海洋板块会隐没在大陆板块之下，其边缘会形成深陷的海沟。当两个陆地板块碰撞时，两板块的边缘会互相结合、挤压，并隆起成为山脉。高耸的喜马拉雅山脉，就是印度板块撞上欧亚板块所形成的。

倡导大陆漂移学说的魏格纳。1912—1913 年摄于格陵兰越冬基地

（英文版维基百科提供）

我们虽然觉察不出陆地正在漂移，但科学家告诉我们，两亿四千万年前，世界上的大陆曾聚合成为一个超级大陆，即盘古大陆。此后逐渐分裂，直到一千万年前，才大致形成现今的样貌。

以喜马拉雅山脉来说，约五千万年前，印度板块原本是岛屿大陆，因大陆漂移接近现今的西藏，其前沿隐没在欧亚板块之下，形成一连串火山活动。接着两者相撞，海洋沉积物被挤压隆起，产生造山运动。时至今日，印度板块仍在徐徐推进，因而喜马拉雅山脉每年大约以五厘米的速率继续增高。

台湾位于菲律宾海板块的隐没带上，约六百万年前，菲律宾海板块向北移动，撞向欧亚板块，将中国东南边缘的大陆斜坡抬高。这一造山运动迄今仍在进行，致使中央山脉每年约升高三厘米。其实，太平洋西岸的日本、菲律宾、中国台湾及琉球群岛等一系列岛屿，都位于菲律宾海板块隐没带边缘，也都有旺盛的地震活动。因此，居住在台湾的我们，只能与地震共存，而无法改变既定的宿命。

（摘自《与您谈地球》，原刊于《白话科学——原来科学可以这样谈》，2015 年 2 月出版）

复活岛之谜

　　复活岛现今是个荒落的小岛。从孢粉和先民的垃圾，得知该岛曾经覆盖着茂密的亚热带森林。当波利尼西亚人来到岛上，当地的植被就开始衰退。

　　公元 1722 年，荷兰探险家罗赫芬（Jacob Roggeveen）在南太平洋发现了一个岛屿，那天刚好是复活节，就给它取名复活岛。

　　复活岛面积一百六十三点六平方公里，现属智利。岛屿四周，面向大海有六百余尊巨石雕像，连同未完成的，共有八百八十七尊。这些巨石像一般高约五米，重约十八吨，最大的一尊高达九点七五米，重达八十一吨。有一尊未完成的，完成后高约二十一米，重约七百七十吨！

　　复活岛上的巨石像一直让考古学家大惑不解：雕制众多的巨石像，需要众多的人力，一座荒落的孤岛怎能养育众多的人口？即使是 21 世纪的今天，岛上也不过只有五千多人！

　　近年来经由孢粉化石的研究，揭开了部分谜底。埋在土中的花粉和孢子，可以告诉我们该地曾有哪些植物生长。现今童山濯濯的荒岛，人类没到来前曾经覆盖着茂密的亚热带森林。火山产生的火山灰，为植物提供丰富的养分。郁郁苍苍的森林，成为昆虫、鸟类等动物的天堂。当年岛上的自然资源，足以支撑人类在此繁衍生息。

18 世纪末复活岛一景，油画，William Hodges 绘，作于 1795 年

（英文版维基百科提供）

波利尼西亚人什么时候来到岛上有多种说法，最早的是公元 300 年至 400 年左右，最晚的是 1200 年左右，总之，他们在岛上繁衍生息后，当地的植被就开始衰退。岛上有一种已灭绝的大型棕榈科植物——复活岛棕榈（Paschalococos disperta），曾经是岛上的优势种，其髓和果实可以食用，其树干可造船，或作为搬运巨石像的滚轴。根据孢粉化石，自从人类踏上该岛，复活岛棕榈就开始减少，公元 1400 年左右灭绝。根据岛民的垃圾遗存，岛上至少曾有二十五种陆生鸟类，随着植被破坏，也相继灭绝了。

当波利尼西亚人来到岛上后，人口迅速增加。岛上的巨石像大多完成于公元 1250 至 1500 年左右，换句话说这时人口达到顶峰，估计约有七千至两万人。岛民依赖森林资源和捕捉海豚等海产为生，复活岛棕榈灭绝后，不再有造船的材料，因而公元 1500 年后海豚骨骸便从垃圾遗存中消失。岛民变成纯粹的农民，越来越依赖粮食作物，并更加重视养鸡，植被砍伐造成水土流失，土地越来越贫瘠。罗赫芬发现该岛时，岛上的土著只剩下两千人左右了。

波利尼西亚人擅长航海。图为搭乘双体木舟，头戴面具的夏威夷人，前往执行某一仪式。库克船长探险队随队画家 John Webber（1751—1793）绘
（维基百科提供）

复活岛的例子说明：一个孤立的生态区是养活不了太多人口的，如果任由人口增加，最后的结果可能是同归于尽。

（原刊于《自然札记》，风景文化出版社，2007 年，

经改写而成此文）

嫁接——中国的重大园艺发明

远在公元前 2000 年前，中国人就发明了嫁接技术，是农业科技上的重大发明。嫁接是不断实验的结果，绝对不是偶然的运气。

果树发生突变，有些结的果实特别好吃，或特别大。农民发现了这样的果树，就会留下它的种子，希望子代结的果实和亲代一样好吃，或一样大。如果播种后不如预期，农民还有一招，就是插枝，如果可以插活，所结的果实绝对可以"挂保证"，我们常吃的葡萄，就是用插枝繁殖的。

然而，有些果树不能插枝——根本就插不活；靠播种嘛，子代结的果实参差不齐，并不能保持亲代的优良性状，几乎没什么价值。蔷薇科的苹果、梨、桃、李子、樱桃等就属于这一类。嫁接（接枝）技术还没发明前，这类果树如有一棵结的果实特别好吃，或特别大，那么就只有这一棵，无法衍生出很多棵，当然也就无法推广了。

远在公元前 2000 年前（距今四千多年前），中国人就发明了嫁接技术，解决了这项园艺上的难题。农民一旦发现某一棵果树结的果实特别好吃，或特别大，就割下一小段枝条，接在另一棵的树枝（砧木）上。只要嫁接的枝条和"砧木"结为一体，"嫁"到砧木上的枝条就可以继续生长，结出和亲本一样好吃，或一样大的果实。嫁接还可用在亲缘相近的植物上呢！例如苹果接在桃树上，或牡丹接在芍药上。

樱桃嫁接。将优良品种的枝条，嫁接到一般樱桃树上，Karelj 摄
（丹麦文维基百科提供）

中国人发明的嫁接技术，早在公元前就传播到欧亚各地，广泛应用在果树、花卉等园艺作物上。苹果原产中亚和新疆天山一带，至今仍有野生种，相信也是借着中国传去的嫁接技术驯化的。

美国著名人类学家戴蒙德在他的名著《枪炮、病菌与钢铁：人类社会的命运》里说："这些果树（苹果等）得靠复杂的农业科技——嫁接，中国在农业起源不久，就发展出这项科技。"戴蒙德认为，嫁接是不断实验的结果，绝对不是偶然的运气。

世界有三大果树原产地：南欧、华北和华南。起源华北的果树有桃、李、梨、杏、柿、枣、栗子等；起源华南的果树有柑橘、橙、柚、桂圆、荔枝、枇杷、猕猴桃（奇异果）等。中国在农业起源不久，就开始种植桃、李、梨、杏等蔷薇科果树，可见很早就掌握了嫁接技术。反过来说，或许桃、李、梨、杏等原产中国，中国人才发明了嫁接技术。个中因果已难以论断了。

（原刊于《地球公民》第 37 期，2008 年 8 月号，

经过增补而成此文）

殷人养什么牛？

殷商至西周，人们豢养的不是黄牛，而是一种已灭绝的水牛——圣水牛，这从古生物学文献，及殷商、西周的牛形器物可以得到证明。

如果回到殷商时期的黄河流域，您会发现，黄河中下游河道纵横，低洼地区森林沼泽密布。人们饲养的牛，不是黄牛，而是一种已灭绝的上古水牛。这种水牛的体型较现今的家水牛小，颈部粗短，两角作三棱形，向后弯的曲率较大（呈凵形），额部凹陷，和家水牛很容易区分。

我是怎么知道殷商时期的畜牛是一种水牛的？说来可真话长。1997 年岁次丁丑，我在《科学月刊》二月号发表应时文章《野牛沧桑》，附带发现了一个有趣的现象：商、西周的牛形器物，无不取象于水牛属，没有一件例外！中文习称的"牛"，主要指牛属（Bos）和水牛属（Bubalus）。前者的角较圆，无横纹；后者的角较宽，有横纹。单单从角形，就可以轻易区分。

我意识到，这一附带发现，在生物史和农业史上具有重大意义。写作《野牛沧桑》时辗转获悉，殷墟曾出土大量哺乳动物遗存，前辈学者德日进、杨钟健和杨钟健、刘东生曾加以研究，撰成两篇关键性论文。我又辗转获悉，殷墟遗存中有一种已灭绝的水牛——圣水牛。古人"铸鼎象物"，商、西周的牛形器物是否取象这种上古水牛？

司辛石牛，商代后期，中国历史博物馆藏。妇好墓出土。除了云纹装饰，
其余无不写实，与古生物学所描述的圣水牛完全吻合

　　杨钟健、刘东生的《安阳殷墟之哺乳动物群补遗》（1949）在台大图书馆找到了；德日进、杨钟健的《安阳殷墟之哺乳动物群》（1936），直到1997年夏才从北京自然科学史研究所的汪子春先生处得到一份复印本。

　　看完这篇经典论文，不禁拍案欢呼。根据德、杨二氏论文，殷墟哺乳动物遗存的水牛属只有一种，即 Bubalus mephistopheles，德、杨将之译为"圣水牛"。殷墟出土的哺乳动物遗存，可以反映殷商时期安阳一带家畜及野生动物的种类和数量。既然遗存中水牛属只有圣水牛一种，那么牛形器物取象这种已灭绝的水牛，岂不是理所当然的事。

　　殷墟哺乳类遗存中出土的圣水牛甚多，有不少头骨保存完整。对照商、西周牛形器物，两者一一吻合。这是古文物记录古生物形态的特殊案例，极其稀有罕见。历来古生物学家未注意到商、西周的牛形器物，而考古学家未注意到古生物学家的研究成果，笔者有幸将两者连在一起。

我将上述观察致函生物史家汪子春先生，请他查询一下，这个问题可曾有人探讨。他查阅文献、征询专家，结论是："国内确定没人做过。"于是就在1997年——写作《野牛沧桑》那年秋天，放胆写成两篇论文《殷商畜牛——圣水牛形态管窥》和《殷商畜牛考》，成为笔者科学史探索的重要作品。

雷焕章神父，摄于其耕莘文教院雷神父的小书房。雷神父手上的文件，为笔者所呈三篇论文复印本

（萧淑美摄）

1998年又写成《甲骨文牛字解》，判定甲骨文的"牛"字，专指圣水牛。换言之，在殷商时代，"牛"字为一专称，而非泛

称。写作此文时我才获悉，早在 1983 年，法国汉学家雷焕章神父（1922—2010）已发表一篇重要论文《兕试释》，解释甲骨文"兕"字，指的是野生的圣水牛，而"牛"字为畜养的圣水牛。解释甲骨文"兕"字的学者不在少数，包括董作宾、唐兰等大家，但没有一篇较雷神父的大作更能让人信服。

2006 年 12 月 4 日，我和杨龢之到耕莘文教院造访雷神父，呈上三篇有关圣水牛的论文，雷神父出示他的几本甲骨文大作，当真可以用博大精深来形容。雷神父谦谦君子，一再说他半路出家，欢迎我们和他讨论学问。我们哪有资格和他讨论学问啊！

引介我们晋见的同事萧淑美说，她曾问过雷神父，他是用法文思考还是用中文思考？雷神父说，大概只有做梦时才用法文思考吧。雷神父 2010 年 9 月 24 日回归天家，葬于彰化静山墓园。

（作于 2016 年 2 月 11 日，前半部根据《乙丑谈牛——谈谈中国畜牛的演变》等文敷衍而成，《乙丑谈牛》原刊于《科学月刊》2009 年 2 月号）

谈谈基改作物

早在 1911 年，德国科学家发现了一种土壤杆菌，含有可以杀虫却对人体无害的毒蛋白。当基因转殖技术发展成熟，免用农药的基改作物就诞生了。

基因工程的重头戏之一，就是基因改造作物（简称基改作物，或 GMO）。所谓基改食品，就是用基改作物所制成的食品。消基会公布一长串名单，市售的汉堡、泡面、洋芋片、玉米酱、豆制品等等，有不少是基改食品。近年一些大食品公司的产品都标示着"非基因改造食品"字样，可见基改食品的问题已引起社会注意了。

"基改"的目的，主要是对付虫害。防治害虫，我们固然可以喷洒农药，但农药所费不赀，还会损害人体的健康、污染土地、影响环境。因此，最理想的办法，莫过于改造作物的基因，使它产生一种对人体无害的毒蛋白，让害虫不能吃它。

目前市面上的基改食品，主要是从美国进口的玉米、大豆和马铃薯制品。要使这些作物产生一种对人体无害的毒蛋白，就得改造它的基因。基因工程的进展，使得我们可以将甲生物的基因，"转殖"到乙生物的染色体上。因此，我们只要找到一种对人体无害，却能毒死害虫的毒蛋白，再找出产生这种毒蛋白的基因，把它转殖到作物身上，不就可以改造成抗虫的基改作物吗？这种对人体无害，专门毒杀害虫的毒蛋白到哪里找啊？

早在 1911 年，德国科学家在德国图林根邦发现了一种可以杀死螟蛾的土壤杆菌，就取名图林根杆菌（Bacillus thurin-giensis），简称 Bt 菌。1938 年，法国开始用 Bt 菌作为杀虫剂。到了 20 世纪 60 年代，科学家找到许多品系的 Bt 菌，几乎可以对付所有的害虫。Bt 菌含有一种可以杀虫，但对人体无害的毒蛋白。当基因转殖技术发展成熟，科学家就顺理成章地想到 Bt 菌，于是免用农药的基改作物就诞生了。

将螟蛾幼虫放在寻常花生（上）的叶子上，随即遭其啃噬；放在含有 Bt 菌抗虫基因花生的叶子上（下），则避之唯恐不及。美国农业部农业研究局（ARS）公布图片

（维基百科提供）

除了抗虫基改作物，生物科技界还发展出抗病、抗霜冻、抗除草剂等一连串基改作物。有趣的是，抗霜冻基因竟然得自北极海域的一种比目鱼！可见动物基因也可转殖到植物身上。

科学家的"乾坤大挪移"，使得环保人士忧心忡忡。他们认为，纵使基改作物对人体没毒，也难保不对环境造成冲击。何况一些活生生的例子，正预示着问题并不那么简单。

美国的科学家发现，美国玉米带的大桦斑蝶（君主蝶或帝王蝶）正在减少。玉米是风媒花，基改玉米的花粉，一旦落到大桦斑蝶的食草——萝摩科的乳草上，就可能毒死它们的幼虫。北美西部的大桦斑蝶飞往加州过冬，中部和东部的则千里迢迢地飞往墨西哥中部山区过冬，是闻名世界的自然奇景。大桦斑蝶的例子引起世人注意：基改作物是不是还有其他潜在的危险？

再说，很多鸟儿以昆虫为食。基改作物可以杀死害虫，也会杀死无害的昆虫。昆虫少了，以昆虫为食的鸟类当然就会减少。英国人喜欢夜莺，浪漫诗人济慈的《夜莺颂》不少人能背诵上几句；然而英国人发现，他们所喜爱的夜莺愈来愈少，据说就是基改作物惹的祸。

南迁过冬途中，经过美国得州中部的大桦斑蝶，David R. Tribble 摄

（维基百科提供）

环保人士更担心抗虫或抗除草剂基改作物会经由授粉，传给周遭的植物，使抗虫或抗除草剂基因流窜野地，产生出不受控制的"超级野草"。生态系统牵一发而动全局，今后还会产生什么问题，任谁也无法预测。

除此之外，宗教人士对基改也有异议。生命是大自然的产物，每种生物都有其独特的基因，不容随意窜改，扰乱了大自然的秩序。对于科学家的乱点鸳鸯谱，以天主教为主的宗教界大不以为然，频频呼吁科学界尊重"生命的尊严"，不应为了短期利益不计后果。

基改作物的寡头垄断更让人诟病。美国的孟山都公司就是个例子，这家跨国生技公司以供应基改作物的种子闻名，在美国本土的市场占有率高达九成！在世界各地占有率自七成至十成不等！为免农民不再买他们的种子，孟山都等生技公司出售的种子带有"绝育"基因，所结的种子不能发芽，必须年年向他们购买，颠覆了亘古以来农民留下种子以备来年种植的传统。

基改作物的大本营在美国，其次是巴西、阿根廷、印度和加拿大，根据 2011 年的资料，这五个国家的种植面积都超过一千万公顷，美国更高达七千万公顷。美国以种植玉米、大豆、棉花、油菜、甜菜为主，巴西、阿根廷以种植玉米、大豆、棉花为主，加拿大以玉米、大豆和甜菜为主，印度主要是棉花。

2013 年 7 月间，中国有六十一位院士联名上书："推动转基因水稻种植产业化不能再等，再迟缓就是误国。"农业部部长于 2014 年 3 月间在记者会上说，对转基因的态度是："在研究上要积极，坚持自主创新；在推广上要慎重，做到确保安全。"不过反对声浪此起彼落，一时恐怕难以定案。

有学者主张自行研制"黄金米"，也就是经由基改使稻米含有维生素 A 的先驱物 β - 胡萝卜素（所以呈金黄色）。2000 年，瑞士和德国学者研制出黄金米，2005 年更研制出第二代黄金米，β - 胡萝卜素含量较第一代高二十三倍。然而迄今没有一个国家推广基改小麦和稻米！院士们甘冒天下之大不韪，大概是基于庞大的人口压力，还有什么比喂饱十三亿人的肚子更重要呢？

美国、巴西、阿根廷和加拿大地广人少，而且都是粮食出口国，这些国家对基改作物的管理较为宽松。另一方面，欧洲国家对基改作物很不放心，不但种植面积有限，管理也较严格。不过完全禁绝基改食品的国家并不多，欧洲只有波兰、捷克和希腊，亚洲只有泰国，南美只有委内瑞拉，非洲只有阿尔及利亚和贝宁。

（摘录《与您谈基因工程》，原刊于《白话科学》，

2015 年 2 月出版）

七月流火

《诗经·豳风·七月》，可说是一部豳地（今陕西邠县一带）农民的行事历，具有无与伦比的史料价值。

我在世新大学开设通识课程中国科技史，有一讲"齐民要术——中国的传统农业"，谈到蚕桑时，我引《诗豳七月》第二章的诗句，并以六言诗将其前半部译为语体：

七月流火，九月授衣。春日载阳，有鸣仓庚。女执懿筐，遵彼微行，爰求柔桑。

〔七月火星西沉，九月缝制寒衣。春日阳光明媚，黄莺鸣哳欢唱。妇女手提箩筐，络绎行走路上，为求柔软嫩桑。〕

学生认为译得很好，我自己也认为译得不错，得意之余，寄给几位朋友看。有位朋友来信指出，"流火"的火，指的是心宿二，即天蝎座 α 星，也就是"大火"，不是火星。没想到一起手就译错了！译文中的"火星"，应改为"大火"才对。

我开设的中国科技史课程，也有一讲"观天鉴人——中国古代的天文学"，所以对中国古代天文学也略知一二。中国将一组星星称为一个星宿（又称星官），每一星宿的星星以数字编号，有时另有专名。上述心宿二是编号名，大火是专名。

心宿二是一颗红巨星，发出火红色的亮光，所以取名大火。

我们的祖先早就观察到，每到夏末秋初，心宿二会逐日西沉，表示天气将逐渐转凉了。

朋友指出译诗错误，使我兴起将全诗译为语体的念头。这首诗共有八章，没想到语译第一章时又遇到麻烦。第一章是：

> 七月流火，九月授衣。
>
> 一之日觱发，二之日栗烈。
>
> 无衣无褐，何以卒岁。
>
> 三之日于耜，四之日举趾。
>
> 同我妇子，馌彼南亩，田畯至喜。

诗中的一之日、二之日、三之日、四之日是什么？"中文百科在线"的"古代十二月用语异称"给了我答案，原来分别指夏历的十一月、十二月、正月和二月。再深入探讨一下，原来《豳七月》夏历、周历并用。"七月流火，九月授衣"，显然是夏历；一之日、二之日等，显然是周历。周历以夏历十一月，也就是冬至所在的月份为岁首。难道《诗经》时代历法还没统一吗？

心宿二及其伴星，Sephiroth 绘制。
伴星心宿二 β，1819 年才被人发现

（维基百科提供）

答案是肯定的。百度百科"周历"条告诉我们："春秋战国时代有所谓夏历、殷历和周历，三者主要的区别在于岁首的月建不同，所以又叫做三正。周历以通常冬至所在的建子之月（即夏历的十一月）为岁首，殷历以建丑之月（即夏历的十二月）为岁首，夏历以建寅之月（即后世通常所说的阴历正月）为岁首。……我们阅读先秦古籍有必要了解三正的差异，因为先秦古籍所据以纪时的历日制度并不统一。举例来说，《春秋》和《孟子》多用周历，《楚辞》和《吕氏春秋》用夏历，《诗经》要看具体诗篇，例如《小四月》用夏历，《豳七月》就是夏历和周历并用。"

好了，问题已解决，可以试着将《豳七月》全诗译成语体了。为免混淆，周历一律改为夏历。这首诗可说是一部豳地（今陕西邠县一带）农民的行事历，具有无与伦比的史料价值。请看拙译：

七月流火，九月授衣。一之日觱发，二之日栗烈。无衣无褐，何以卒岁。三之日于耜，四之日举趾。同我妇子，馌彼南亩，田畯至喜。

〔七月大火西沉，九月缝制寒衣。冬月北风呼叫，腊月寒气凛冽。缺少粗布衣服，怎么过得去年？正月修理耒耜，二月下田耕作。女人带着孩子，送饭送到南亩，农夫笑逐颜开。〕

七月流火，九月授衣。春日载阳，有鸣仓庚。女执懿筐，遵彼微行，爰求柔桑。春日迟迟，采蘩祁祁。女心伤悲，殆及公子同归。

〔七月大火西沉，九月缝制寒衣。春日阳光明媚，黄莺鸣啭欢唱。妇女手提箩筐，络绎行走路上，为求柔软嫩桑。春日迟迟好眠，采蘩忙碌异常。姑娘心里悲伤，唯恐公子强抢。〕

七月流火，八月萑苇。蚕月条桑，取彼斧斨。以伐远扬，

猗彼女桑。七月鸣鵙，八月载绩。载玄载黄，我朱孔阳，为
公子裳。

〔七月大火西沉，八月芦苇繁茂。三月修剪桑条，拿起大
小斧头。砍掉过长枝条，摘下枝上嫩桑。七月伯劳鸣叫，八
月绩麻更忙。染出黑丝黄丝，朱红更加漂亮，制作公子衣裳。〕

四月秀葽，五月鸣蜩，八月其获，十月陨萚。一之日于
貉，取彼狐狸，为公子裘。二之日其同，载缵武功。言私其
豵，献豜于公。

〔四月远志结子，五月知了鸣叫，八月收获季节，十月树
木落叶。冬月猎得貉子，另外猎些狐狸，制作公子皮衣。腊月
大伙齐聚，打猎兼习武艺。小兽留给自己，大兽献给豳公。〕

南宋马和之《豳风七月图》，共八幅，此为第一幅，绘《七月》第一章，
题词"三之日于耜，四之日举趾。同我妇子，馌彼南亩，田畯至喜"
美国弗利尔美术馆藏

五月斯螽动股，六月莎鸡振羽。七月在野，八月在宇，
九月在户，十月蟋蟀入我床下。穹窒熏鼠，塞向墐户。嗟我

妇子，曰为改岁，入此室处。

〔五月蠡斯弹腿，六月蝈蝈振翅。七月蟋蟀在外，八月藏在檐下，九月鸣叫门口，十月钻到床底。堵住窟窿熏鼠，封住北向窗户。叫声老婆孩子，新年即将到来，且到屋里休憩。〕

六月食郁及薁，七月亨葵及菽。八月剥枣，十月获稻。为此春酒，以介眉寿。七月食瓜，八月断壶，九月叔苴。采荼薪樗，食我农夫。

〔六月李子葡萄，七月葵菜毛豆。八月树上打枣，十月稻米酿造。制成甜美春酒，祝福老人长寿。七月采食甜瓜，八月摘取葫芦，九月收获麻子。采些苦菜烹煮，聊供农夫餬口。〕

九月筑场圃，十月纳禾稼。黍稷重穋，禾麻菽麦。嗟我农夫，我稼既同，上入执宫功。昼尔于茅，宵尔索绹。亟其乘屋，其始播百谷。

〔九月填平场地，十月谷子进仓。早收晚收黍稷，还有芝麻豆麦。感叹咱们农夫，庄稼才刚收起，又要宫里当差。白天割得茅草，夜里搓制绳索。赶紧修好屋顶，播种又要忙碌。〕

二之日凿冰冲冲，三之日纳于凌阴。四之日其蚤，献羔祭韭。九月肃霜，十月涤场。朋酒斯飨，曰杀羔羊。跻彼公堂，称彼兕觥，"万寿无疆"！

〔腊月凿冰冲冲，正月抬入窖藏。二月取冰祭祖，献上新韭羔羊。九月寒霜降下，十月打扫谷场。奉上佳酿两樽，杀翻一头肥羊。登上豳公大堂，举起牛角酒器，齐祝万寿无疆。〕

（2016 年 7 月 10 日）

建筑、器物类

罗马角斗场

> 罗马角斗场将两个希腊式剧场对合在一起，形成一种椭圆形造型，这是建筑上的继承，也是创新。

有一则外国童话，大意是说：在古罗马时代，一名奴隶逃到旷野，为一只受伤的狮子拔除脚上的刺。后来这名奴隶被捕，送到罗马角斗场当角斗士。一天，当他被迫和一只狮子角斗时，那只狮子非但不咬他，还像只小猫般，温驯地趴在地上，原来这只狮子正是他在旷野所遇到的那一只啊！

这则狮子报恩的故事，已无法分辨是真是假，但故事中的角斗场却保存至今，成为罗马市的象征。我们一谈起罗马，那座圆形的大建筑物就会不期然地映入眼帘。

古罗马建筑一方面继承了希腊的传统，一方面开创出自己的特色。希腊剧场呈半扇形，通常利用天然地形，在山坡上开凿出层层阶梯，作为观众坐席。起初罗马各地的角斗场也是这种形式，但罗马角斗场却将两个希腊式剧场对合在一起，形成一种椭圆形造型；这是继承，也是创新。罗马角斗场的椭圆形设计是建筑史上的重要里程碑，后世各种圆形剧场或运动场无不直接或间接受其影响。

古罗马建筑的特色是什么？简单地说，就是宏伟和实用。罗马角斗场正是古罗马建筑的代表。罗马角斗场是一座椭圆形的表演场，其实用自不必说。至于宏伟，请先看它的基本数据：高四十八米，长径一百八十六米，短径一百五十六米。乍看之下，似乎没有什么；但要知道，足球场的长宽不过一百一十米和七十三米。仔细想一想，就知道它是多么高大宏伟了。

从外形上看，罗马角斗场明显分为四层。一、二、三层上各有八十个拱门，第四层是实墙，都装饰着希腊式柱饰。这种设计，使一座庞然大物显得开朗而有节奏感。角斗场内部，也明显分为四层，都设有阶梯式看台，共有五万个座位。如果挤着坐，可以容纳八万七千人。观看表演时，阶级愈高的人坐在愈下层。

看台中央的表演场，长径八十四点四七米，短径五十四点八六米；场地上铺设木板，上面再铺一层沙，用来吸收血迹。表演场还可以灌满水，用来模拟海战；但至今我们还不知道水是怎么灌进去的。

罗马角斗场内部，Jean-Pol Grandmont 摄

（维基百科提供）

　　角斗场的地下室，设有兽槛和角斗士预备室。角斗士主要来自战俘、奴隶和罪犯，角斗表演分为角斗士和角斗士、角斗士和兽两大类，有时也会穿插不带血腥的马戏表演。在基督教合法前，被捕的基督徒也被赶到在角斗场上喂猛兽。当时罗马大约有一百万市民，他们对角斗表演的热衷，简直比我们对篮球、足球还要疯狂。

　　根据角斗士的装束和所用的武器，大致分成轻装和重装两类。重装角斗士头戴盔甲，臂套护臂，手持盾牌和短剑；轻装角斗士不戴盔甲，手持弯刀、盾牌，或钢叉、网兜。角斗时，通常轻装与重装捉对厮杀。重装者不容易伤到头部和手部，但行动不如轻装者灵活。

法国画家 Jean-Léon Gérôme 作罗马角斗场角斗场景。
画题 Pollice Verso，作于 1872 年
（英文版维基百科提供）

　　有一种蜘蛛，脚又细又长，会预先织一面网，用后脚托着；

如果有猎物从它身边经过，就把网张开，投向猎物，逮个正着。这种蜘蛛的动作很像手持网兜的轻装角斗士，所以赢得角斗士蜘蛛的称号。

公元 80 年，罗马角斗场刚落成时，罗马皇帝曾大事庆祝，宰杀了五千只牲畜，连续表演了一百天。罗马人的角斗热大约持续到四世纪，公元 313 年解除基督教禁令，到了四世纪末更定基督教为国教。基督教反对角斗，公元 438 年罗马皇帝颁布角斗禁令，从此角斗场逐渐没落，甚至荒废成一片废墟。

中世纪时，角斗场因地震而坍塌了一大部分，人们又大量取用角斗场的石材，因而更加荒芜。直到 1744 年，教皇下令保护，这座罗马建筑的代表作才得以保存下来。

（原刊于《小大地》2001 年 12 月号）

美轮美奂的吴哥建筑

> 吴哥遗迹主要是 10 至 13 世纪的建筑，是印度文化在中南半岛发扬光大的杰作。作者以文学之笔，记下这世界七大建筑奇景之一的难以言喻的美。

柬埔寨西北部有个大湖，叫做洞里萨湖，湖滨有个城市，叫做暹粒，举世闻名的吴哥遗迹（俗称吴哥窟），就在暹粒。

吴哥遗迹主要是 10 至 13 世纪的建筑。古时中国人把吴哥王国称做"真腊"。1296 年，元朝的周达观曾经出使真腊，写成《真腊风土记》，记下吴哥王国的盛况。

然而，从 14 世纪起，由于暹罗（泰国）入侵、瘟疫和王室阋墙，国势一衰再衰。1431 年，暹罗攻入吴哥城，大事劫掠而去。第二年，不知什么原因，柬埔寨人竟然自动弃城，从此吴哥城及其附近的所有建筑，全都淹没在热带森林中，连柬埔寨人都不知道有这座古城了。

吴哥遗迹在森林中沉睡了四百三十多年，直到 1861 年元月，才被法国博物学家穆奥（Henri Mouhot，1826—1861）于狩猎时无意中发现。当时遗迹上长满了草木蔓藤，若非近看，根本就不知道那是建筑物。

古希腊人曾经选出七项伟大建筑，称为"七奇"。如今除了埃及的金字塔，其他"六奇"都不存在了，于是人们开始挑选新的

"七奇"。柬埔寨的吴哥寺,成为新的世界"七奇"之一。

穆奥画像。穆奥发现吴哥遗迹后,同年 11 月过世。其弟整理其日记出版,即 *Voyage au Cambodge:l'archi-tecture Khmer*(1880)

(维基百科提供)

穆奥无意中发现吴哥遗迹时,法国已入侵柬埔寨,后来柬埔寨成为法国的殖民地,法国人开始清查,总共发现六十多处遗迹,绝大多数都是寺庙。吴哥王国的一般建筑是木造的,遗留下来的六十多处都是石造建筑,有些保存得相当完好,和七百多年前周达观看到的一模一样。

公元前后,印度商人就来到中南半岛,他们带来了印度文化和宗教——主要是印度教,其次是佛教。吴哥建筑就是印度文化在中南半岛发扬光大的杰作。

印度式寺庙呈方形或长方形,一层层往上收缩,最上层建有高塔。建筑物上布满浮雕,内容以图案和神像为主。强调外部装饰,是印度式建筑的特色之一。印度教寺庙外观高大华美,但厅堂、过道却十分狭小,只有祭司能出入,不是一般信徒膜拜之地。庙内狭隘窄小,反而衬托出宗教的神秘感。

吴哥城呈四方形,周长约十二公里,城外围绕着宽约一百公尺的护城河。通往城门的石桥,桥栏两侧各有二十七尊神像,双手握着龙身,身体后倾,状似拔河,造型出自印度创世神话"翻搅乳海"。据说乳海之下藏有不死甘露,引起众神和阿修罗(恶魔)争夺,但都没得到。大神毗湿奴想出一个办法,命龙王以身体作绳索，缠住曼陀罗山作杵，阿修罗持蛇头，众神持蛇尾，合力搅动，以取得甘露。搅动所产生的泡沫，就变成日月星辰……

巴戎寺四面观音像

（作者摄）

吴哥城门顶上，都刻着巨大的四面神像。城内存留的建筑，以巴戎寺最为有名。巴戎寺位于吴哥城正中，由一座高耸的主塔，和五十余座（现存三十七座）拱卫着它的侧塔构成，远看不像一座人造的建筑，而像一座小山！

这座吴哥王国的国庙，分为三层。一般印度式建筑，大多由二至四座侧塔围绕着一座主塔，对称而工整；巴戎寺的侧塔参差错落，无疑是一大创新。

这些侧塔用巨石叠成，每座都雕成四面观音，据说是照着国王阇耶跋摩七世（1181—1220 年在位）的容貌雕成的。吴哥国王大多信奉印度教，阇耶跋摩七世是少数信奉佛教的国王。那些四面观音无不透露着迷人的笑意，人称"高棉的微笑"（高棉是柬埔寨的旧称），是吴哥文明的象征之一。

较巴戎寺更为有名的建筑，就是城南约一公里的吴哥寺。柬埔寨人相传，吴哥寺由建筑之神所造，并非出自人类之手。这座美丽的神殿，由苏利耶跋摩二世（1113—1150 年在位）所建，原供奉印度教三大神之一的毗湿奴，后来成为苏利耶跋摩二世的陵墓。

吴哥寺周长五点六公里，围绕着宽约两百米的护城河，宛如一座小城。吴哥寺就位于"小城"的正中央。吴哥建筑特别擅长用"水"。吴哥寺面积约两百公顷，护城河就占去八十二公顷，可见"水"在整座建筑物中所占的分量。

吴哥寺干吗要那么宽的护城河？这种设计，除了美感，也增加了深邃感。当目光越过护城河，入目的是蜿蜒的城墙和郁郁苍苍的林木，吴哥寺仍神秘地躲在视觉之外。

穆奥所绘吴哥寺

（维基百科提供）

吴哥寺呈长方形，面积约九公顷，分为三层，一层层往上收缩。寺庙正面，两旁各有一座小湖般的水池，波光塔影，将吴哥寺衬托得格外灵秀。底层外廊的浮雕，长约六百公尺，大多取材印度史诗《罗摩衍那》和《摩诃婆罗多》，是美术爱好者的圣地。

在印度文化圈，史诗《罗摩衍那》《摩诃婆罗多》中的故事，就和我们的三国故事一般，可说无人不知。《罗摩衍那》叙述罗摩王子在猴神协助下，救回被魔王掳去的妻子。《摩诃婆罗多》叙述两大家族间的战争。在印度和东南亚，两大史诗是舞蹈、戏曲、文学、美术等的重要素材。

吴哥寺第二层，两翼各建一塔；第三层两翼与中央建有三塔，中央那一座最高。从正面看，吴哥寺矗立着五座塔，构成秀美的等边三角形，美得无以名状。妙的是，中央主塔和底层角楼连线，刚好切中两座侧塔的塔尖，这么完美的设计，难怪被列为世界七大建筑奇景之一了。

柬埔寨的国旗上下为蓝色，中央红色部分，画着白色、镶金边的吴哥寺；因为构图的关系，五座塔只画出三座。吴哥寺是全世界唯一登上国旗的建筑。

（原刊于"《中华日报》"副刊，2006 年 8 月）

永恒面颊上的一滴泪珠——泰姬陵

正如世间最美的印度式建筑不在印度（而在吴哥窟），世间最美的伊斯兰教建筑也不在阿拉伯，而在北印度，它就是美得无以名状的泰姬陵。

八世纪后，中亚一带成为伊斯兰教的势力范围。从公元1001年起，中亚的伊斯兰教徒不断入侵印度，1206年更在北印度建立政权。其后印度成为伊斯兰教王国和印度教王国共治的局面。

1398年，信奉伊斯兰教的成吉思汗后裔"跛子"帖木儿侵入印度，连续烧杀五个月，即使伊斯兰教王国也不能幸免。至今印度小孩哭闹时，父母还会吓唬他："帖木儿来了！"

1526年，帖木儿的六世孙巴卑尔，打败印、回联军，入主印度，在德里建立莫卧儿王朝（莫卧儿，意为蒙古）。第三代皇帝阿克拜大帝，迁都阿格拉，是印度史上最辉煌的时期之一。第五代皇帝沙·贾汗（1592—1666年，1628—1658年在位）和皇后穆塔兹·玛哈儿（1592—1631）的爱情，成为传颂千古的美谈。

穆塔兹·玛哈儿简称泰姬，波斯人，十九岁嫁给沙·贾汗，婚后十九年间，生下十四个孩子（四子、三女长大成人）。她和沙·贾汗如胶似漆，沙·贾汗无论到哪，都带着她。1630年，泰姬跟随沙·贾汗南征，途中生下最后一个女儿，不久便去世了，只活了三十九岁。

泰姬临终时，沙·贾汗悲痛地问她："你要是死了，要我怎样表示对妳的爱呢？"泰姬说："如果陛下还记得我，请不要再娶，并为我建造一座可以传世的陵墓吧！"沙·贾汗含泪答应。

泰姬死后的第二年，沙·贾汗根据她的遗言，动用两万名工匠，耗时二十二年，在亚穆纳河南岸河畔，用纯白大理石建造了传颂千古的泰姬陵。1983 年列入世界文化遗产，因为它"表达了一个国王对他亲爱的妻子无与伦比和刻骨铭心的纪念"。

参观泰姬陵，汽车只能到达距离陵园约一公里处的停车

泰姬像，作于 17 至 18 世纪

（维基百科提供）

场，在此换乘马车，以免造成污染。一阵滴答声，马车来到前庭，游客在此接受安全检查，近年来恐怖攻击频传，安检愈来愈严格。陵内不许绘图，以免伫立不动，阻挡他人视线，为此连我的笔记簿也被暂时没收了。

泰姬陵呈长方形，占地约十七公顷，由前庭、大门、花园、正殿以及两座清真寺构成，是伊斯兰教建筑和印度建筑融合的杰作。一踏进大门，泰姬陵和映在水中的倒影赫然出现眼前，它美得恰到好处，一分也不能加减。印度诗人泰戈尔曾以感性的口吻说，泰姬陵是"永恒面颊上的一滴泪珠"。

泰姬陵的大门和正殿遥遥相对，中间是座波斯式花园，水池、

地砖和草坪，形成规整的几何图形。大门以红砂岩砌成，高约三十米，顶部有一排白色大理石小圆顶。正殿建在方形台基上，用纯白大理石砌成，中央的大圆顶高约六十二米。平台四角各有一座圆柱形高塔，高约四十一米，都向外倾斜约十二度，视觉上显得舒展开朗；如果倒塌，也不致压到主体建筑。陵园两侧各有一座清真寺，为主体建筑取得红花绿叶的效果。

从大门进入陵园后望向泰姬陵

（作者摄）

参观正殿，必须赤脚，或穿上鞋套，以免踩伤地砖。愈走近正殿，愈能感觉它的质感与量感。门洞高大宽敞，刻着精细的浮雕，或装饰着用宝石镶嵌的几何图形和花草纹，精致得无以复加。伊斯兰教禁止偶像崇拜，纹饰绝对不会出现人和动物。进入正殿，装饰更为繁复、精细，使用的宝石更好、更多，八角形镂空石雕栏杆内，安放着两座石棺，这是两座衣冠冢，正下方的地宫才是泰姬和沙贾汗的埋骨之处。

泰姬死后，沙·贾汗果然没再续娶，全心全意地为爱妻建造陵墓。泰姬陵从选址到动工，没有一处不煞费苦心。以选址来说，亚穆纳河流经阿格拉时来个大转弯，皇宫位于大转弯的西岸，泰姬陵选在大转弯的南岸，两者相距约一点五公里，从皇宫望向泰姬陵，中间是宽阔的河面，不会有任何阻挡。

泰姬陵 1631 年始建，1653年落成，此后沙·贾汗每七天去献一次花，经常泪流满面。皇宫和泰姬陵近在咫尺，遥望爱妻的陵墓成为他最大的慰藉。他计划在泰姬陵对岸用黑大理石为自己建造一座一模一样的陵墓，不料还没动工就发生巨变。

沙·贾汗因思念亡妻而荒疏国事，四个儿子争夺皇位愈演愈烈，1658 年，三子奥朗则布趁着他病重发动政变，杀了

从沙·贾汗遭其三子幽禁的塔楼，
望向亚穆纳河对岸的泰姬陵
（作者摄）

大哥，赶走二哥，监禁弟弟，沙·贾汗也遭到幽禁。从此只能从狭小的窗户遥望爱妻的陵墓，这样过了八年，才伤痛地合上眼睛。

阿格拉的皇宫（现称阿格拉堡）是阿克拜大帝建造的，耗时八年，1573 年建成，和泰姬陵同时列为世界文化遗产。阿克拜喜欢红砂岩，整座城堡都用赭红色的砂岩建造，所以又称“红宫”。这座面积一点五平方公里的城堡，宫墙高达二十公尺，兼具宫殿和城堡的功能。城内建筑虽年久失修，但仍可看出昔日富丽堂皇的风貌。

参观阿格拉堡，人们最感兴趣的，仍是与沙·贾汗及泰姬有关的塔楼。据说沙·贾汗王被幽禁在这座古堡时，经常默默地坐在楼中，怀着无限的思念望着泰姬陵，似在倾诉他的孤寂和哀伤。

（原刊于《小达文西》2007 年 4 月号）

墨菲与传统建筑复兴

民国初年，一些教会大学建起具有中国风格的校舍；在建筑界，称呼这类建筑为"传统复兴"；美国建筑师墨菲是传统复兴的关键人物。

中西建筑有哪些差异？简单地说，中国传统建筑是木构的，以众多柱子支撑，不可能建得太高、太大，室内也不可能有广阔的空间。西方建筑以石材（近代改用钢筋水泥）建成，以外墙支撑，可以建得很高、很大，室内也可以有广阔的空间。作为公共建筑，中国传统建筑的确不如西式建筑。

义和团之乱，国人从自大转为自卑，从此唯洋是尚，连新建的官署都是西式的。进入民国，特别是五四之后，北大等学府成为西化的急先锋，不用说，这些公立大学的建筑也都是西式的。

然而，在西化的大潮下，一些教会大学却建起具有中国风格的校舍。在建筑界，称呼这类建筑为"传统复兴"。美国建筑师墨菲（Henry Murphy，1877—1954）是传统复兴的关键人物。他很喜欢中国传统建筑，所设计的建筑外形是中式的，大多有个大屋顶，可说是穿戴中式衣帽的西式建筑。

八国联军之后，清廷废科举，设学堂，若干教会意识到，这是在华开展教育事业的好时机。进入民国，大学的需求量增加，教会又积极筹建大学。有过规划大学校园经验的墨菲，于1914年来到中国。此后的十几年，先后完成长沙雅礼大学、北京清华学堂、上海复旦大学、福建协和大学、南京金陵女子大学、北京燕京大学、国立北平图书馆等的整体规划和建筑设计。国民政府成立后，又应聘担任"首都建设委员会"建筑顾问，制定《首都计划》，宗旨是"发扬光大固有之民族文化"，为南京留下一大批传统复兴式建筑。

墨菲规划、设计的金陵女子大学校园鸟瞰图，作于1921年

（维基百科提供）

传统复兴式建筑也传到台湾，较具代表性的，有杨卓成设计的圆山大饭店和中正纪念堂及两厅院，王大闳设计的国父纪念馆。前两者可说是用钢筋水泥建的北方式宫殿，后者和墨菲同一脉络。

就我个人所经眼的传统复兴式建筑，最最中意的仍是南京中山陵。1925年3月12日孙中山先生在北京逝世，孙先生生前说过，希望死后葬在南京紫金山。北京政府依照孙先生的遗愿，成立中山陵筹建委员会，公开征求设计图样，结果由青年建筑师吕彦直（1894—1929）荣获第一名。吕彦直担任过墨菲的助手，算是墨菲的学生。

登上中山陵祭堂，向下望，前为碑亭，陵门、牌坊等被碑亭遮住。
陵前郁郁苍苍，周遭环境未遭人为破坏
（作者摄）

中山陵筹建委员会不但采用了吕彦直的设计，还聘他担任总建筑师。1926年元月开始营建，1929年春落成，可惜吕先生积劳成疾，还没来得及参加安葬大典就病逝了。

中山陵位于紫金山南麓，建筑群由广场、牌坊、墓道、陵门、碑亭、祭堂和墓室构成。单一建筑都不大，但合在一起却雄伟无比。从牌坊起，一层层上升。陵门到墓室，平面布局就像一口钟，这是引用《论语》的话，"天将以夫子为木铎"，用来象征中山先生的导师地位。

约二十年前，已故雕塑家兼造园家周义雄教授从南京归来，他以感性的语调对我说："一个艺术家一生只要有一件作品就够了！吕彦直只活了三十五岁，他是为了中山陵来到世上的。"

（2016年7月27日）

从古画中找水磨

李约瑟在其《中国之科学与文明》上说，王祯《农书》的水磨版画，是传世最早的水磨图，其实五代和北宋的绘画中就有，显示李约瑟忽视了绘画史料。

绘画是一种重要的史料，对科技史来说尤其如此。在《中国之科学与文明》"机械工程学"卷下，李约瑟说，王祯《农书》（1313）是首次"以传统绘像方式描述水磨者"。书中另附一幅无款元人画作《山溪水磨图》。我不禁自问，李约瑟为什么没提到五代（或北宋）佚名画家的《闸口盘车图》和作于金大定七年（1167）的岩山寺壁画中的水磨图？

为了替李约瑟作点补充，不禁兴起从古画中找水磨的奇想。多翻翻，多看看，说不定会有意想不到的发现呢！1996年9月30日，我翻阅了手边的画册，又跑了一趟诚品书店，前后大约三小时，就找到了四幅！那天，我真正感受到了"发现"的喜悦。

笔者的"发现"，是从北宋天才画家王希孟的《千里江山图》开始。这是一幅长卷，作于宋徽宗政和三年（1113），当时王希孟只有十八岁。因为长卷太长，所以一般画册都印成细长条，细部很不容易看清，但北京故宫博物院的《故宫博物院藏画集》却将整幅长卷放大，在其中后段，我发现了一个立式水轮，再仔细一看，不错，正是一座水磨！

　　笔者在《千里江山图》中的"发现"，使我意会到，在山水画中也可以找到水磨，于是将目光集中在山水画的建筑物上，经过一番搜寻，在《故宫书画图录》卷一，发现北宋大画家郭熙的《关山春雪图》（1072）中有一座立式水轮的水磨；在同书卷三，宋人《雪栈牛车图》中，有一座卧式水轮的水磨；另在《两宋名画精华》（何恭上编著，艺术图书公司，1996）的宋人《雪麓早行图》中，也有一座卧式水轮的水磨。这四幅山水画连同前面的三幅，笔者一共找到七幅有关水磨的绘画。如果继续找，一定可以找到更多。

　　分析一下这七幅绘画的年代：五代一幅，宋四幅，金一幅，元一幅。笔者曾刻意想从元、明、清三朝的绘画中找到水磨，结果一无所获。是宋代以后水磨减少了吗？当然不是，直到本世纪中叶，水磨还在大量使用呢！

五代（或北宋）人画《闸口盘车图》局部，上海博物馆藏。绘一官营磨坊，机械结构绘制精准，可据以复原

　　宋朝以后的绘画不再出现水磨，这是个美术史的问题，而不是科学史问题。从元朝起，业余的文人画家取代了职业画家，成为画坛主流。文人画重视一己心灵感受，不重视所描绘客观对象是否形似。在取材上，文人画崇尚清雅，避讳世俗，像水磨般的市井俗物当然上不了文人画的纸绢。

　　美国中国美术史学家高居翰（James Cahill）在其著作中多次谈到宋元之际画风的转变，在《气势撼人——17 世纪中国绘画中的自然与风格》（王嘉骥等译，石头出版公司，1994）一书中，高居翰说："马克·艾尔文（Mark Elvin）的研究告诉我们，中国的科技在十世纪至十四世纪之间达到高峰，其后随着中国人由客观性地研究物质世界，转向以主观经验与直观知识的陶养，科技的进展至此便完全失去了动力，而此一重大转变，正好颇具深意地对应着发生于宋元之际的绘画上的改革。"这段宏论，使得美术史和科学史得到交集。

（摘自《为李约瑟补充一点点——古画中的水磨》，

原刊于《科学月刊》1996 年 11 月号）

挽马法和马镫

把绳子绑在马身上的方法称为挽马法，实用的挽马法和马镫，都是魏晋时中国人发明的，这两项发明影响深远。

马儿用来乘骑并不难，只要胆子够大，懂得马术，就可以骑在马背上驰骋。但用来拉车就不那么简单，人类大约经历了三千五百年，才把拉车的问题彻底解决。

马的体型不像牛，不能用牛的方式拉车。牛的背部隆起，像天造地设似的，刚好可以套上用弯木头做成的"轭"，用来拉车十分方便。马就不行了。马儿的背部是平的，用来拉车，只能把绳子绑在马身上。但要怎么绑呢？这里面的学问可大了。

把绳子绑在马身上的方法，称为"挽马法"。最初的挽马法，可能把绳子直接套在马的胸部。这种方法虽然方便，但马儿跑起来绳子会上下移动，很容易勒住喉咙。于是人们加以改进，在胸部和腹部各套一条宽带子，胸带和腹带在马背上交会，挽马的绳子就绑在交会点上。胸带被腹带牵扯着，不容易滑到颈部。这就是第一种可以使用的挽马法——胸挽法。

不论中西，最初使用的挽马法都是胸挽法。这种挽马法虽然不会勒住马儿的喉咙，但因力学的关系，效率不高。古埃及、古西亚、古希腊或古罗马的马车，车子都很小，通常只坐两个人，却要用两匹马或四匹马来拉。中国春秋时的战车，一律用四匹马来拉，也只能坐三个人。这时的马车看起来威风凛凛，其实效率都很低，根本就跑不远。

三种挽马法示意图，由上而下：
胸挽法、胸肩法、护肩法

（高玉芳绘）

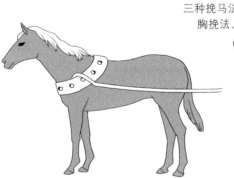

胸挽法大约使用了两千年，人们才发明了胸肩法。新的挽马法将胸带降低，肩带和胸带在马腹的两侧交会，挽马的绳子和胸带连在一起，这样就可以降低马儿胸部受到的压迫，使效率略有提高。在中国，大约到了西汉，旧有的胸挽法就被这种新的挽马法取代了。

到了魏晋南北朝，中国人又发明了一种高效率的挽马法，使马儿的力量提高五倍！过去要用五匹马拉的车子，现在只要一匹就够了。新的挽马法称为护肩法，只在马的肩部套上一条宽软的护肩，挽马的绳子直接绑在护肩两侧。马儿拉车的时候，不论怎么出力气，都不会压迫到胸部。

这种理想的挽马法于 10 世纪传到欧洲，对交通、运输发生了深远的影响。从此欧洲有了长程马车，人与人的距离拉近了，国与国间的互动增加了，货物可以运到远地出售，一些货物集散地因而发展成城市。有些学者甚至认为，中国人发明的挽马法，是促成欧洲兴起的原因之一。

《巴约挂毯》，作于 1070 年，图为其局部。显示其时骑士皆脚踏马镫

（法文版维基百科提供）

除了有效率的挽马法，马镫也是中国人发明的。没有马镫，骑士双脚悬空，不容易使力，若非骑术特别精湛，很难腾出手来做其他的事。有了马镫就不一样了，人和马的力量结合在一起，无论马跑得多快，在马上抢枪舞剑，或是挽弓射箭，都变得容易得多。

那么马镫是什么时候发明的？这个问题至今尚无定论。秦始皇陵出土了许多骑士俑，各种马具齐备，但没有马镫。汉代的出土文物也没发现马镫。目前出土最早的马镫，可考的年代为东晋永昌元年（322）或稍后。但也有人认为早在两汉就有马镫，不过缺乏直接证据。

马镫发明后，很快就传到朝鲜，在五世纪的朝鲜古墓壁画中，已有了马镫的纪录。至于马镫传到西方，可能先传到突厥，大约八世纪辗转传到东罗马，继而传播到整个欧洲。有了马镫，骑士的马术可以尽情发挥，也可以穿着厚重的盔甲骑在马上，为中世纪的骑士制度创立了条件。

英国著名中国科技史学者李约瑟博士评价马镫说："关于马镫曾有过很多热烈的讨论，最近的分析研究，表明占优势的是中国。直到八世纪初期，在西方（指东罗马）才出现马镫，但是它们在那里的社会影响是非常特殊的。林恩·怀特说：'只有极少的发明像脚镫这样简单，但却在历史上产生了如此巨大的催化影响。'"李约瑟又说："我们可以这样说，就像中国的火药帮助摧毁了欧洲封建制度一样，中国的马镫却帮助了欧洲封建制度的建立。"

（原刊于《经典》2004 年 2 月号）

弩、连弩和床弩

如果亚历山大大帝东征打到中国，将是个什么结局？历史不能假设，但可确定的是，他将遇到一种从没见过的兵器——弩。而弩、连弩和床弩都是中国发明的。

亚历山大大帝率军东征，一路势如破竹。公元前326年打到北印度，但印度天气炎热，官兵厌战，不肯继续前进，大帝只好班师。公元前323年，他在归途中死于巴比伦。

如果亚历山大继续东进，越过帕米尔高原就是新疆；再往前，过了河西走廊就会进入秦国的国境。这时中国正是战国时期，秦国是"战国七雄"之一。我们不免要问：如果亚历山大和秦国的军队相遇，会是个什么结局？

历史上没发生的事很难假设，但可以确定的是：亚历山大会遇到一种他从没见过的武器——弩，甚至由弩衍生出的连弩和床弩，肯定让他吃足苦头。

弩至迟出现于春秋，是一种有扳机的弓。到了战国，已成为各国的常备武器，其中用脚张弓的"蹶张弩"，射程很远，是一种威力强大的武器。连弩和床弩大概也始自战国。连弩可装填多支箭，具有手动"上膛"装置，可减少发射时间。床弩装在发射台或车辆上，由好几张弓组成，用绞盘张弓，力量大得惊人，甚至可以射进城墙，供人攀附着登城。杜佑《通典》卷一四九："今有纹车弩，中七百步，攻城拔垒用之。"

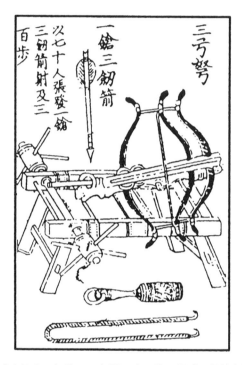

北宋《武经总要》的三弓弩图，由三张弓组成，用绞盘张弓，
图注："一枪三剑箭，以七十人张发一枪三剑箭，射及三百步。"
一枪三剑箭，指以铁片为翎，状如标枪的箭

　　个人认为，中国发展出弩，再进一步发展出连弩、床弩，可
能和对付北方游牧民族的骑兵有关。连弩可减少装箭时间，有利
于对付骑兵冲锋；床弩可远距离射杀敌军马匹、人员。根据《汉
书·李陵传》，李陵率五千步兵出击匈奴，"因发连弩射单于，单
于下走。"根据《武经总要》，宋朝有六种床弩，最远的射程可达
一千五百米。1004 年的宋辽澶州之战，辽将萧挞凛便是被宋军设
在城墙上的床弩所射杀。

中国人发明的弩，大约 13 世纪传到欧洲，当时欧洲处于骑士时代，骑士从小学习骑马和各种武术，以射箭来说，要经过长期练习，才能射得准。然而，弩比弓操作方便，命中率又高，不需怎么练习就能上手。再说，弩张好弓后，可以静待适当时机扣动扳机，最适合用来暗杀。当弩传到欧洲的初期，有些骑士莫名其妙地被不会武艺的农民射死，贵族也害怕被人暗杀，于是教皇曾经一度下令禁止呢！

根据李约瑟的研究，在文艺复兴之前，从西方传到中国的科技发明只有四项，从中国传到西方的却有三十四项，弩便是其中之一。中国丧失科技大国的地位，是从 16 世纪开始的。

（原刊于《地球公民》第 27 期，2007 年 10 月号，

经增补而成此文）

机器人，robot

公元 1920 年，捷克剧作家恰佩克完成剧作 R.U.R，大意
是说某公司制成一种机器人，称为 robot，……这就是 robot
（机器人）一词的语源。

当今科幻影视流行，机器人成为男女老幼都感兴趣的话题。
日本发生福岛核灾时，报上刊出耸动的标题："日本机器人不够看，
换美国机器人出动救灾！"日本地震发生后，法国和美国都要派出
救灾机器人援助日本。日本有机器人王国之称，为了脸面，婉拒
了法国，但接受了美国老大哥的援助，于是报上出现 iRobot 公司
的救灾机器人的图片，那是一台像挖土机的小型履带式车辆，哪
是什么机器"人"啊！

一谈起机器人，大家可能马上就会想到漫画中的哆啦 A 梦，
或电影中的"机器战警""变形金刚"，或其他各式各样的机器人。
机器人嘛，当然人模人样喽。其实英文 robot 这个字，并没有
"人"的意思，而且 robot 这个字出现得很晚，被借用来指称"机
器人"更晚。我们谈机器人，必须弄清机器人的语源，否则将会
愈谈愈糊涂。

1920 年，捷克剧作家恰佩克（Karel Čapek，1890—1938）写
了一个著名的剧本 R.U.R（*Rossum's Universal Robots*，《洛桑的
万能机器人公司》）。robot，源自捷克语 robota，意为工作；转成

英语，成为 robot。此剧大意是：洛桑公司制成一种机器人，称为 robot，它们只知埋头工作，没有思维能力，堪称最理想的奴工，洛桑公司因这项产品而生意兴隆。后来 robot 有了思维，它们不堪人类役使，向人类发动攻击，最后彻底毁灭了人类。

R.U.R 闻名遐迩，robot 一词不胫而走，科幻小说家袭用 robot，当代科幻大师阿西莫夫（1920—1992）的短篇小说集《我，机器人》（*I, Robot*，1950）即为一例。20 世纪 50 年代机器人科技兴起，科学家借用 robot 一词，遂成为一个全新的词汇。剧作家恰佩克笔下的 robot，的确具有"人"的意思，但直到今天，实用的 robot 几乎都不具备人形。

机器人科技和计算机的发展密不可分。1946 年第一台计算机问世，此后朝向速度快、容量大、体积小的方向发展。计算机科技促成"自动化"，1952 年，数控机床诞生，为机器人的开发奠定了基础。

另一方面，原子能实验室处理放射性物质，需要机械代替人力。1947 年，美国原子能委员会阿尔贡研究所开发出遥控机械手，可视为机器人科技

一人即可背负的机器人 PackBot，由 iRobot 公司研发，用于侦测地雷等爆炸物。图为海军陆战队爆炸物处理小组成员及其装备。此款机器人投入伊拉克及阿富汗战场者超过两千台，更因进入福岛核电厂拍摄事故现场、侦测辐射剂量而闻名天下

（维基百科提供）

的先驱之一。

1954 年，美国的德沃尔（George Devol，1912—2011）提出工业机器人的概念，并申请专利，他主张借助伺服技术，控制机器人的关节，现有的机器人，几乎都采用这种控制方式，德沃尔因有"机器人之父"的称号。这时美国的研究生恩格尔伯格（Jeseph F. Engelberger）专攻伺服技术，也在研究机器人，他和德沃尔都认为汽车工业使用重型机器工作，生产过程较为固定，装配过程最适合使用机器人。

1939 年恰佩克剧作 R.U.R 在纽约演出时的海报。robot 一词即出自 R.U.R

（维基百科提供）

1959 年，德沃尔和恩格尔伯格制成第一台工业机器人，机器人的历史才真正开始。1961 年，两人成立产制机器人的 Unimation 公司，翌年生产出第一台工业机器人 Unimate 001。1962 年，美国 AMF 公司推出 Verstran。这两款机器人的控制方式与数控机床大致相似，但外形类似人类的手臂，与数控机床迥异。这类机器人至今仍为实用性机器人的主流。

1967 年，日本成立"人工手研究会"（现改名为仿生机构研究会），同年召开日本首届机器人学术研讨会。到了 1980 年，工业机器人开始在日本使用，所以日本人称该年为"机器人元年"。随后，工业机器人在日本发展迅速，因而赢得"机器人王国"的美称。

当今机器人的重镇仍为美国和日本。美国较不热衷研发人形机器人，日本却乐此不疲。1967 年，日本召开第一届机器人学术会议，早稻田大学的加藤一郎提出人形机器人三条件：具有脑、手、脚等三要素；具有非接触传感器（用眼、耳接受远方信息）和接触传感器；具有平衡觉和固有觉的传感器。1973 年，加藤一郎克服重重难关，率先研制成用双腿走路的机器人，因此人称"人形机器人之父"。

2000 年，日本本田公司发展出人形机器人 Asimo，已经可以同时与多人进行对话。步行途中，遇到其他人时会预测对方行进方向及速度，自行调整行进路线，以免与对方相撞。它的手部可以扭开瓶盖、握住纸杯、倒水，手指动作细腻，甚至可以边说话边以手语表现说话内容。

Asimo 外形像航天员，不像真人。日本更热衷发展仿真人形机器人，头颈、脸面、手部、腿部等外露的部位，看起来几可乱真。为了广事招徕，仿真人形机器人通常制成美少女。日本的仿真机器人，最具代表性的有 Actroid 和 HRP-4C。Actroid 由 actor 和 android 两个英文字合成，由大阪大学和日本 Kokoro 公司合作开发，2003 年东京国际机器人展首次亮相，外形酷似美少女，能做出眨眼、说话、呼吸等动作。其后陆续推出多种型号，2011 年的 Actroid-F，脸部能做出六十五种表情，栩栩如生。

HRP-4C 昵称 Miim，由产业技术总合研究所（AIST）开发，2009 年首次亮相，翌年在东京数位内容博览会上出尽风头。Miim 身高 158 公分，体重 43 公斤（含电池），取自日本少女的平均值。Miim 装有三十具马达，用于行走等活动；另有八具，用于脸部表情。Miim 还能借语音辨识软件与人对话，能借语音合成唱歌。
2011 年，推出升级版的 Actroid-F，有男有女，行走能力更进一步，已更像真人。

Asimo 2011 年型，在本田青山迎宾大厅
演示跳舞，Momotarou 2012 摄

（日文版维基百科提供）

2006 年推出的 Actroid-ReplieeQ2，
Brad Beattie 摄

（英文版维基百科提供）

近年来中国大力发展机器人工业，颇有后来居上的趋势，以
仿真机器人来说，2016 年中国科学技术大学推出美少女机器人"佳佳"，表情及语言能力虽不如 Actroid 和 HRP-4C，却以美貌取胜，被誉为机器人中的女神。

（摘自《与您谈机器人》而略加损益，
原刊于《白话科学——原来科学可以这样谈》，2015 年 2 月出版）

雷文霍克的显微镜

　　雷文霍克以自制的单式显微镜发现细菌等微生物，英国皇家学会不但不相信，还加以讥讽。雷文霍克显微镜怎么那么厉害，直到 1950 年才被人破解。

　　由曲率较大的凸透镜所制成的高倍放大镜，称为单式显微镜。至于由一片凸透镜和一片凹透镜所组成的复式显微镜，约到 1595 年才出现，一般的说法是由荷兰眼镜制造商詹森（Zacharias Janssen，1580—1638）发明的。

　　复式显微镜发明后，起初并未商品化，主要由观察者自制。当时复式显微镜的分辨率往往不佳，单式显微镜仍在使用。有"微生物学之父"称号的雷文霍克（Antoni van Leeuwenhoek，1632—1723），使用的就是单式显微镜！

　　雷文霍克生于荷兰德夫特（Delft），出身贫寒，六岁丧父，三年后母亲改嫁，被送进寄宿学校。十六岁时继父去世，其母命其学习经商，在阿姆斯特丹跟随一位苏格兰布商当学徒。1653 年，首次使用放大三倍的放大镜检查布料，从此和放大镜结下不解之缘。

　　1654 年，雷文霍克返回德夫特，经营窗帘生意。1660 年，受聘为德夫特某贵族管家，逐渐脱离经商。从 1676 年起，担任基层公务员，多属闲差，有较多时间从事业余活动。

雷文霍克自制单式显微镜四百余台，用来观察动物、植物、矿物、不同来源的水、牙垢、唾液、精液等。他心灵手巧，往往根据观察需要，设计不同的显微镜。他的好友解剖学家格拉夫（Regnier de Graaf）把他的工作引介给英国皇家学会，这才受到重视。1673 年，英国皇家学会在其期刊《皇家学会哲学学报》（*The Philosophical Transactions*）上为雷氏发表早期研究成果，即有关蜜蜂的口器及螫针的显微观察。

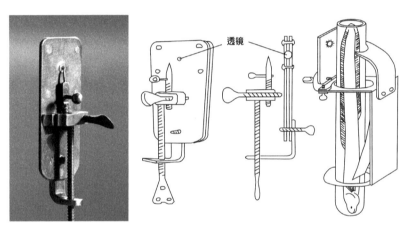

左：雷文霍克显微镜复制品，观察物置于透镜前之针尖上，从对面凑近眼睛观察。（维基百科提供）右：雷文霍克显微镜之正面、侧面示意图。雷氏常因特殊需要，设计特殊显微镜，右方为用来观察鳗鱼鱼鳍的显微镜，将鳗鱼倒插于试管中

（彭范先绘）

这篇文章刊出后，雷文霍克开始和英国皇家学会通信，至 1723 年写了一百九十封，现存皇家学会图书馆。1674 年，雷文霍克在雨水中发现了原生动物和单细胞藻类，1676 年又从人类口腔中发现了细菌。他把自己的发现寄给英国皇家学会，对方希望看看他的显微镜，被他拒绝。同年 10 月 20 日，英国皇家学会秘书 Hendrik Oldenburg 寄来一封刻薄、揶揄、讥讽的回信：

您 1676 年 10 月 10 日的信收到了，您说您利用所谓的"显微镜"，看到在雨水中游泳的众多小动物，让与会者忍俊不住。您的小说似的描述，不禁让一位与会者认为您出自想象。另一位与会者拿起一杯水，大声地说："看啊，雷文霍克的非洲！"至于我个人，对您的观察和使用的工具暂不作判断，但会员们表决时，我不得不遗憾地告诉您，全场响起咯咯咯的笑声，决议不在本会期刊上刊登。不过大家都希望您的"小动物"健康、多产，由它们聪敏的"发现者"好好地畜养着。

英国皇家学会图书馆藏有雷文霍克书信一百九十封，
图为 1677 年 5 月 14 日的一封
（英文版维基百科提供）

　　可见皇家学会瞧不起他的单式显微镜，更不相信他的发现。雷文霍克坚持自己的发现，英国皇家学会派出专家及律师前往德夫特，另请德夫特的教会人士作证。雷文霍克当场演示，去除了大家的疑虑，翌年（1677）皇家学会正式承认他的发现。三年后，也就是 1680 年 2 月，获选为皇家学会会员。

　　雷文霍克使用单式显微镜竟能看到细菌，他是怎么办到的？1981 年，英国业余生物学家 Brian J. Ford 在皇家学会的库房中发现九台雷氏所赠送的显微镜，倍数甚高，且使用简便，有助于我们了解雷氏的研究工作。这九台显微镜，倍数最高的可放大 275 倍。雷氏自己保有的可能倍数更高。

　　雷文霍克生前对于其显微镜的透镜制作技术秘而不宣，也绝不传授他人。直到 20 世纪 50 年代，有关技术才被人破解，原来雷氏的透镜不是研磨而成，而是用细玻璃棒烧制而成的。

（2016 年 7 月 26 日）

其他类

华生，沃森，屈臣氏

英文姓氏 Watson，有三个中文译名。林纾以闽语将 Watson 译为华生。大陆将发现 DNA 分子的 Watson 译为沃森。屈臣是 Watson 的粤语音译。

本刊编委，现旅居美国的潘震泽来函指出，北师大李建会教授大作《生命密码的破译》(刊五月号) 有些译名"颇为奇怪"。李教授回函："大陆和台湾可能有习惯上的不同，比如 Watson，台湾译为华生，大陆译为沃森。到底是台湾译的好还是大陆译的好，这可能与习惯有关。习惯成自然。"

《福尔摩斯探案》之一，1983 年出版的《希腊语译员》的插画。
右为福尔摩斯，左为华生医师

(维基百科提供)

其实，华生并非台湾译的，礼失而求诸野，台湾保存了许多"旧中国"的事物。

首先将 Watson 译为华生的，是著名翻译家林纾（琴南，1852—1924）。光绪二十五年（1899），福州素隐书屋将林译《华生包探案》（*The Memoirs of Sherlock Holmes*）和《巴黎茶花女遗事》合刊出版。林纾是福州人，他以闽语发音，将 Watson 译为华生，将 Holmes 译为福尔摩斯；这两个译名不胫而走，不旋踵即成为定译。

大陆将 Watson 译为沃森，准则准矣，却有失传承。笔者认为，译名一旦约定俗成，就没有更改的必要，台湾许多译名都维持旧译。事实上，早在光绪七年（1881），张仲德即译出《歇洛克呵尔唔斯笔记》，刊登在上海《时务报》。张氏以吴语将 Holmes 译为呵尔唔斯，Watson 译为滑震，只因影响不大，这两个译名未能流传下来。

Watson 这个姓氏还有个更早的译名，那就是"屈臣"。道光八年（1828），有位叫 A. S. Watson 的英国人，在广州开了家药房；香港割让后，药房迁到香港，使用 Watson & Co. A. S. 注册，并中译为"屈臣氏大药房"（粤语屈音 wa），这就是屈臣氏一名的由来。

光绪十三年（1887），屈臣氏移师上海，到了 20 世纪初，已发展成远东最大的药妆店。1949 年后，屈臣氏仍在港、台等地发展。20 世纪 80 年代末重返大陆，各大城市又可看到 Watsons 的醒目招牌。

（原刊于《科学月刊》2003 年 6 月号）

历史之谜，能解得开吗？

　　史学家对历史之谜，就像数学家对数学难题一样着迷。所不同的是：数学难题终究有个答案——即便证明无解，也是答案；历史之谜大多没有标准答案。

　　史学家对历史之谜，就像数学家对数学难题一样着迷。所不同的是：数学难题终究有个答案——即便证明无解，也是答案；历史之谜大多没有标准答案。让我们各用两个例子说明。

　　数学上，最有名的难题就是"几何三大难题"。公元前五世纪，古希腊诡辩学派提出三道几何作图题，规定在只能使用直尺和圆规的条件下：将任意角三等分（三等分角）；作一正方形，使其面积等于圆的面积（化圆为方）；作一立方体，使其体积等于立方体体积的二倍（倍立方体）。

　　为了解决这三道作图题，历代数学家不知付出多少心血，19世纪以前，西方各国的科研机构经常收到"解决"三大难题的来信。为免纠缠，1775年巴黎科学院通过一项决议：不再审查三大难题的论文。可是，三大难题仍然吸引着许多人继续钻研。解析几何的创立后，为标尺作图提供了判定准则。1837年，凡其尔证明三等分角和倍立方体不能成立；1882年，林德曼证明化圆为方不能成立。三大难题因证明不能成立而得到解决。

　　四色问题是另一个例子。1852年，伦敦大学毕业的格斯里到一家科研单位从事地图着色工作，他发现了一种有趣的现象：只用四个颜色，各邻国就可以着上不同的颜色。这个现象能不能用数学证明？他和弟弟决心一试，但一直没有进展。他们请教一位著名数学家，四色问题逐渐引起数学界注意。1872年，英国数学家凯利向伦敦数学学会提出这个问题，引起全世界数学界关注，成为著名的数学难题之一。

数学家解决四色问题的基本思路是：让邻国的数目增多，看看四种颜色还够不够？如果邻国数无限增加，四色仍足以应付，就表示问题得到解决了。计算机问世后，演算速度提高，加快了四色问题的进程。20世纪70年代，美国伊利诺伊大学的哈肯与阿佩尔，合编了一个程序，1976年，他们利用两台计算机跑了一千二百个小时，作了一百亿次判断，完成了四色定理的证明。四色问题因证明成立而得到解决。

相对来说，历史之谜就要复杂得多。首先让我们看看拿破仑（下称拿氏）死因之谜。1821年5月5日傍晚五时四十九分，流放到南大西洋圣赫勒拿岛上的拿氏与世长辞，官方的死因报告是胃癌并发症。20世纪60年代初法国巴斯德研究所和美国联邦调查局曾化验拿氏遗留下来的头发，发现砷（砒霜）的含量异乎寻常，于是人们对拿氏的死因提出质疑。特别是法国人，普遍认为拿氏是英国人毒死的。

然而，2002年11月号的法国科学刊物《科学与生活》，刊出一篇翻案文章。该刊将拿氏不同时期的头发交给三位法国权威学者化验，发现无论是1821年拿氏死后取下的头发，还是1805年和1814年在世时的头发，砷含量都超出正常值五至三十三倍。专家们发现，这些头发所含的砷，均匀分布在整根头发上，表示不是摄食到体内的，而是来自外部环境。专家们推测，可能来自含砷的防虫剂。专家们由此判定，拿破仑并非死于砷中毒，换句话说，不是英国人害死的。

拿破仑死因之谜就此得到解决了吗？没那么简单。即便证实拿氏并非死于砷中毒，也不能证实拿氏死于胃癌。拿氏的真正死因可能永远无解。

让我们再看一个例子。1917 年俄国发生十月革命，俄国布尔什维克取得政权。1918 年 7 月 16 日，地方布尔什维克组织枪杀末代沙皇全家。几天以后，莫斯科发布消息，诡称沙皇家人安全无恙。沙皇遭枪决后的第八天，白军攻占沙皇遇害处，派出军官索霍洛夫调查沙皇一家的命运，他访问了一些人，又在一处废矿井里找到一些遗物。1919 年夏，白军败走，调查就此中止。

末代沙皇全家合影，摄于 1911 年

（维基百科提供）

1924 年，流亡的索霍洛夫在巴黎出书，将沙皇全家被杀的事公诸于世。但铁幕深锁，索霍洛夫的说法一直无法证实。到了 20 世纪 70 年代末，苏联的控制已不像从前那么严密。有位地质学家阿乌栋宁，对沙皇之死一直深感兴趣，他说服电影制片人雷波夫，以拍片需要为借口，查阅到相关资料。

1978 年，雷波夫找到当年行刑队头目尤乌洛夫斯基的长子，他长期秘藏着一份其父写的行刑报告书副本，至此真相大白，沙皇全家的埋藏地点也确定了。苏联解体后，在阿乌栋宁和雷波夫的呼吁下，沙皇全家的遗体被挖掘出来，经分子生物学鉴定无误。俄国举行盛大的国葬，一段历史公案至此画上句点。

沙皇死因之谜之所以能够解开，是因为距今不远，且有尤乌洛夫斯基等留下的证物。一些年代久远的历史之谜，就很难突破。然而，要不是未知远多于已知，历史哪会这么有趣？

有人说，史学家像个侦探，在史料中寻觅证据，然后试着给出结论。如果这个比方贴切——治史就像侦探探案一般，历史的趣味性就不言可喻了。

（圆神出版社《世界历史 49 大谜》序，2003 年 12 月）

谈谈轻功

　　作者根据一位长辈叙述韩复榘任山东省主席时的亲身见闻，说明轻功类似现今的极限运动跑酷，大多手脚并用，并无违反力学情事。

　　先父任职"立法院"，我在"立法院"职员宿舍光明新村长大。村中有位李大爷，山东肥城人，他是"立法院"职员，也是"国大"代表。李大爷毕业于齐鲁大学，在校时钟爱健美和体操。当年李大爷家有整套健身器材，小时候我常到他们家练习。有一天，到他家玩时，李大爷对我说了一段他亲眼看到的经历。

　　那是抗战以前，韩复榘任山东省主席时。韩复榘提倡国术，请到一位武术家表演轻功，消息传到齐鲁大学，喜欢体育的李大爷当然不会错过。这位武术家表演徒手攀登宝塔，当时李大爷正在学体操，看得格外受用。

　　李大爷说，表演者在塔下跃起，抓住第一层塔的屋檐，然后一个翻身，已跃上第一层。如是这般，手脚并用，一层层攀升。李大爷说，他这才知道，轻功其实和体操相去不远。他又说，当时要是有人指点，他自信也能做到。

　　根据李大爷叙述，攀上屋顶须手脚并用；换句话说，跃上屋顶的先决条件是手要能抓住椽木或屋檐，绝非从地面直接窜上屋顶。我服兵役时看过战技表演，特种兵借着短跑的冲力，可以垂直奔上高墙中段，当手抓到墙头时，一撑跃上高墙。始自战技训练的极限运动 Parkour（跑酷），也是手脚并用，和轻功相仿佛，唯不用于格斗而已。

总之，轻功不可能违反力学，也不能违反人体的结构和生理。或曰：身轻如燕如何？瘦子体重固然较轻，但肌力相对较弱，对跳高并没多大助力。运动场上的跳高选手莫不肌肉匀称、胖瘦适中。2004 年雅典奥运跳高金牌瑞典选手 Stefan Holm，身高一百八十一厘米，体重六十九公斤，这是多么美好的组合！

Stefan Holm 的金牌成绩是二点三六米。就算武林人物一跃能跳二点三六米，要想飞身上屋，大概只能跃上低矮的民宅。再说，Stefan Holm 的二点三六米是用背滚式跳的，用剪刀式不可能跳出这个成绩。武林人物如用背滚式，势将背部先着地，不摔个七荤八素才怪！

跑酷运动者 Daniel Ilabaca 正在演练 "猫平衡" 动作，on Lucas 摄

（维基百科提供）

　　古人的轻功可以达到何种境界？当代武术大家万籁声（1903—1992）著有《武术汇宗》（商务印书馆，1929），该书第三章第三节对于轻功的练法略有描述，大致以练习纵跳、拧身、抓握、平衡等为主，并无违反力学之处。

　　以武侠小说（或影视）的"飞身上屋"来说，显然是不可能的。再以经典武侠片《卧虎藏龙》的踏水追逐、站立竹枝等"轻功"来说，也都违反物理原理。要想踏水不沉，除非鞋子的底面积够大——大得像条小船，否则水的浮力不可能支撑人的重量。至于在竹枝上站立，竹子的刚性哪能支撑人的体重？剧终时玉娇龙腾云滑翔，可曾想到重力加速度？《卧虎藏龙》的武打相当真实，但夸张不实的轻功将它的"写实"性减弱了。

　　笔者常想：如果武侠影视的轻功能够合乎力学，那将何等真实、优美！笔者有位外国朋友喜欢看武侠片，但他说："你们的武术不如日本。"问他为什么，他说："日本的武士片看起来像真的，你们的武侠片看起来像假的。"他所谓像假的，主要是指轻功。其实，只要稍用点心，将轻功拍得像真的并不难。

　　我们希望重振大汉天威，但武侠小说愈写愈神奇，中国的武侠影视也愈拍愈奇幻，这说明我们民族还不能走出自我麻醉的阴霾，距离我武维扬还远着呢。

（原刊于《科学月刊》2005 年 6 月号）

龙头和天鼓——记先父所述两则旧事

　　作者的父亲曾说，有位长工在崩塌的土崖上看到龙头；
还说曾听老人家说，清末曾有"天鼓"鸣。（按：天鼓鸣由陨
石形成。）前者已证明信而有征，后者仍待查证。

　　我是山东省诸城县人。每看到"诸城"两字，都会特别注意。
今年（2009）10月15日阅读《旺报》，一则新闻猛然跃入眼帘，
标题《诸城挖出世界最大恐龙群》，"诸城"两字标成红色，极其
醒目。《旺报》的文章都有段引文，这篇新闻的引文如下：

　　　被大陆国土资源部命名为中国龙城的山东诸城，近日工
　　作人员凿开盖层岩石，发现一条长五百米、平均深度二十六
　　米的恐龙化石长廊。经数十位国际恐龙专家证实，这是目前
　　世界上已发现的规模最大、化石储量最丰富的恐龙化石群。

　　没想到自己的家乡竟有"中国龙城"之称！赶紧阅读内文，
才知道1964年和1988年各进行过一次大规模挖掘，2008年元月
起进行第三次挖掘，至今已发现库沟恐龙化石长廊、恐龙涧化石
隆起带、臧家庄化石层叠区等三处大规模化石埋藏地，发现恐龙
化石一万五千多块。

　　这则新闻使我想起先父说过的一则旧事。我们家住在诸城县
枳沟镇赵庄，民国初年先父还是孩童时，一位长工（姓名已失忆）

到镇上赶早集，适逢雨后，晓色中隐约看到刚崩塌的崖上露出一个东西，走近察看，发现是个龙头骨架，就拔下一枚龙牙放在提篮里。赶完集，回程时走到发现龙头的地方，只见许多百姓在挖龙骨，龙头已不见了，大家正在往土里挖。

那位长工曾向先父述说此事，先父曾在长工家看过那枚龙牙，灰白色，呈凿状，敲起来作金石声。民间传说，龙牙可治某病（何病已失忆），乡人常到长工家磨龙牙粉，先父看到那枚龙牙时，基部已被磨掉不少。

待我年纪稍长，意会到先父所说的龙头，可能是只恐龙。乡人知识闭塞，不可能知道什么是恐龙。长工将露头的恐龙头骨化石理解成龙头，可见它的样子和民间艺术的龙的造型有点相似。龙头上有大型凿状齿，说明它是一种肉食性恐龙。大型肉食性恐龙——如暴龙——头部较大，牙齿尖锐，只看头骨，的确有点龙的模样，难怪那位长工会把它理解成龙了。

《旺报》的报导，证实了先前的想法。诸城既然是"中国龙城"，民初乡人看到露头的恐龙化石也就不足为奇。《旺报》报导："远古时代诸城为何那么多恐龙，被业内人士誉为'恐龙王'的七十四岁老教授赵喜进推测，该地区气候温暖，河流交织，湖泊广布，植物茂密，成群的鸭嘴龙自由自在地生活在水中、岸边。丘陵和山坡上，角龙、甲龙、鹦鹉嘴龙、秃顶龙等素食性恐龙和睦相处。当时，恐龙生活的这个地方四季如春、气候湿润、水草丰茂、风景秀丽，适宜各种恐龙生存。"

鸭嘴龙、角龙、甲龙等都生活于白垩纪，有这么多草食性恐龙，当然少不了掠食者，暴龙就是其中一类。暴龙分布于北美和东亚，生活于白垩纪晚期，牙齿呈凿状，以鸭嘴龙、甲龙等为食。

《旺报》的这则报导，提到诸城曾装成"巨型山东龙"和"巨大诸城龙"两具世界知名的鸭嘴龙化石，2009 年 10 月 11 日又修复完成世界最大的鸭嘴龙"巨大华夏龙"，可惜这篇报导没提到肉食性恐龙。

左：山东诸城恐龙国家地质公园的恐龙化石遗存，密度之高，
居世界之冠。右：中国暴龙

（张则骧摄）

先父还说过一则旧事，值得一提。先父年轻时常听老人们说，清末某年某日，大晴天听到低沉的闷雷声，乡人说是"天鼓响"，意味着将要改朝换代，果然几年后清朝就灭亡了。老人们还说，一些到外地经商、办事的人，不论去得多远，同一时间都听到了。

长久以来，我怀疑所谓的"天鼓响"，可能和 1908 年（光绪三十四年）6 月 30 日晨的通古斯大爆炸有关。声波以空气为介质，大爆炸的声响能否传到华北令人存疑，但根据英文版维基百科，大爆炸所引起的气压变化，英国都能测出，这样看来，声响传到华北也不能完全排除。可惜在我读过的杂书中，从未见过相关记载，谨此提出，乞请博雅君子赐教。

先父讳浥泉，名注恩，以字行。生于宣统二年农历八月二十五日，逝于 2000 年国历 7 月 25 日。擅书法、工诗文，有《零缣集》行世。

（原刊于《中华科技史学会学刊》第 13 期，2009 年 12 月）

附记：2015 年 8 月 29 日至 9 月 2 日，偕次子则骧出席在山东日照召开的"第八届海峡两岸科普论坛"。日照与诸城为邻。8 月 31 日，则骧的青岛友人驱车带他造访库沟村"山东诸城恐龙国家地质公园"，及臧家庄"诸城中国暴龙馆"。库沟村和臧家庄和我们家乡赵庄近在咫尺，可见先父所说某长工见到龙头的事信而有征。

六十七与采风图

六十七，满洲镶红旗人，乾隆九年抵台，任巡台御史三年，命画工画下《台海采风图》和《番社采风图》，又著成《台海采风图考》和《番社采风图考》。

今年（2011）春，我的健康出了点状况，意识到生命随时可能走到尽头，必须抓紧时间多做些事，将六十七著《台海采风图考》引进台湾，就是今年最重要的一项工作。

康熙六十一年（1722），朱一贵之乱平定后，清廷开始派遣满、汉御史各一员巡视台湾，任期两年。乾隆年间派给事中代行御史事，六十七就是其中之一。给事中，约略相当于现今的监察委员，户科给事中负责监察户部。

六十七，字居鲁，满洲镶红旗人。满人常以出生时祖父岁数取名。此人取名六十七，应是沿用此一习俗。乾隆九年（1744），六十七抵台，三月二十五日，接续前任给事中书山，与乾隆八年四月履新的御史熊学鹏共事。

乾隆十年四月，熊学鹏任满，由御史范咸接续。范咸，字九池，浙江仁和人，雍正元年进士。六十七应在乾隆十一年（1746）三月任满，但奉命续任两年。乾隆十二年（1747）三月，因遭福建巡抚陈大受参劾，与范咸同时革职，在台共三年。六十七是在台最久的一位巡台御史。

　　六十七和范咸共事两年，两人经常诗文唱和，还一起重修《台湾府志》（乾隆十二年刊行，称《重修台湾府志》）。当时台湾汉番混居，又有许多内地看不到的物产，六十七命画工画下两套采风图——《台海采风图》和《番社采风图》，又著成《台海采风图考》和《番社采风图考》。这两套采风图和两本图考，成为研究乾隆初年台湾风俗（特别是番俗）和风物的重要史料。

　　在六十七之前，《诸罗县志》（康熙五十七年刊行）已有十幅番俗图版画，首任巡台御史黄叔璥曾遣工绘制二十几幅《台阳花果图》。六十七抵台，以前人作品为基础，绘成《海东选搜图》。接着扩大内容，而成《台海采风图》。其后将番俗部分析出，独立为《番社采风图》。

　　《番社采风图》台湾有两个藏本。"中央研究院"历史语言研究所藏《台番图说》共十八幅（一幅地图），函套题"台番图说"四字，别无其他题识。"中研院"史语所登录卡谓："意人罗斯赠民族学组，1935（民24）年入藏。"罗斯，意大利人，清末来华，任上海副领事，研究南方、西南民族，搜罗丰富。1930（民19）年受聘中研院社会科学研究所民族学组特约研究员。后社会科学研究所改组，民族学组人员、图书并入历史语言研究所。

　　1998年，杜正胜以《番社采风图》名义将"台番图说"影印出版，在序文中说："经我考证，兹正名为'番社采风图'，当系巡视台湾监察御史六十七使台期间（1744—1747）命工绘制之原住民风俗图。"

　　台湾另一藏本，是"中央图书馆"台湾分馆藏《采风图合卷》二十四幅册页，含风俗图十二幅、风物图十二幅（有三幅重复）。1921年，由该馆前身"台湾总督府图书馆"第二任馆长太田为三

《番社采风图·乘屋》。当时原住民建造房屋，先建好地基，再合力将屋顶抬到地基上，然后编竹为墙而成屋

郎于东京南阳堂书店购得。二十四幅册页皆无题款，亦无钤印。1934 年，日人山中樵撰《六十七と两采风图》，认为十二幅风俗图系《番社采风图》，十二幅（实为九幅）风物图系《台海采风图》。后者是此时此地研究《台海采风图》无可取代的史料。

关于两部图考，《番社采风图考》早已收录于"台湾文献丛刊"。至于《台海采风图考》，从日本占领台湾至今，没有一位岛内学者看过！笔者有幸从中科院自然科学史研究所取得一份抄本，经过缮打、校注，列为"中华科技史学会丛刊"第一种（http://sciencehistory.twbbs.org/?p=989），免费供人下载。

六十七和范咸重修《台湾府志》，又往来南北各地绘制采风图，难免过度劳动官民。当时台湾一府四县，六十七和范咸的过度利用职权，引起参劾，吏部呈交乾隆的签呈（吏部题本）说："近据陈大受奏，该御史等于养廉（费）外，又分派台、凤、诸、彰四县轮值，每季约需费三四百金。其出巡南北两路，供应夫车、厨传、赏给各社番黎、操阅犒兵，俱令各县措备。……应将现任巡台御史户科给事中六十七、御史范咸均照溺职例革职。"

《采风图合卷》之一幅，绘出槟榔、楝榔子、芽蕉（香蕉）、释迦果、波罗蜜等五种果品，皆有长短不一的图说

绘画是一种重要的史料，于科学史尤然。从元朝起，文人画家取代了职业画家，成为画坛主流。文人画重视一己心灵感受，不重视所描绘客观对象是否形似；在取材上，崇尚清雅，避讳世

臺海采風圖考

白麓六十七居魯甫著
山左張之傑百器點註

科史会本《台海采风图考》
封面。版心为抄本卷一及卷
二首页

俗事物。民间画家（画工）继承唐宋职业画家的写实传统，六十七
两采风图即其显例。

根据残存的《番社采风图》，我们才能知道：当时原住民如何
捕鱼？如何建造干阑式房屋？有哪些建筑式样？也才能知道：当
时原住民已学会用犁耕田，所饲养的牛以黄牛为主、水牛为次；
所驾的车为无辐的"笨车"……

"中央图书馆"台湾分馆藏《采风图合卷》，1997 年及 2007
年各影印一次。九幅《台海采风图》皆以没骨法绘制，每图大多
绘有五种动植物，各有图说，其中古今异名的有：黄梨（凤梨）、
番花（鸡蛋花）等等，堪称研究台湾名物变迁的重要文献。

（原刊于《科学月刊》2011 年 11 月号）

龙与龙卷风

> 龙是一种想象中的动物，由蛇类、蜥蜴、鳄鱼等动物
> 元素，加上闪电、龙卷风等气象元素拼凑而成。正史上的
> "龙"，其实大多是龙卷风。

龙是一种想象的动物，先民是怎么想象出来的？《伊索寓言》
有一则《美丽的乌鸦》，或可提供线索。话说有一天神要选鸟王，
众鸟都刻意打扮自己，乌鸦知道自己长得丑，打扮也没用，就向
众鸟各要了一根羽毛，粘贴在自己身上，把自己妆点成一只最漂
亮的鸟……

龙不就是这样吗？凤也是如此。所有的想象动物，大概都像
寓言中的乌鸦般，集合众多元素而成。不过龙除了动物元素，或
许龙卷风也是其中之一。徐胜一教授辑有《中国历代气候编年
档》，从中可以看出古人称龙卷风为龙，如同时出现两个或两个以
上的龙卷风，则称为"龙斗"。所谓"见龙在田""龙战于野"，可
能都指的是龙卷风。

以关键词查找，《编年档》的第一则龙斗载《左传》："昭公
十九年，龙斗于时门之外洧渊。"其后有关龙斗的记载多不胜数，
如《隋书》："南朝梁武帝普通五年六月，龙斗于曲阿王陂，因西
行，至建陵城，所经之处，树木皆折开数十丈。……至太清元年，
黎州水中又有龙斗。波浪涌起，云雾四合，而见白龙南走，黑龙

随之。"又如《江南省志》："宋孝宗淳熙十年，大风有二龙斗于淀湖，殿宇浮屠为之飞动。顷一龙蟠护其上，远近皆见之。"最后一则载《清史稿》："同治十年三月二十二日，湖州有龙斗，狂风骤雨，拔木覆舟。"

《编年档》中有关"黄龙"的记载更多，徐教授认为，即干燥地区的"黄龙卷"。至于黑龙、青龙、白龙，徐教授认为，可能因为光线照射方向不同所致。照到光的龙卷风看起来呈白色，故称白龙；没照到光的龙卷风呈黑色或青色，故称黑龙或青龙。

龙卷风，2007 年 6 月 Justin Hobson 摄于明尼苏达
（维基百科提供）

这样看来，龙岂不可以和龙卷风画上等号？当然不能。龙卷风的漏斗云只有"龙尾"，光凭尾巴是想象不出整只龙的造型的。

气象因素所造成的龙卷风和闪电，再加上多种动物元素，才集合成龙的形象。

汉画中的龙，可分为兽形、蜥形、蛇形、鳄形四类，可见这时还没加上闪电、龙卷风等气象元素。其后龙的造型一再加工，艺术化愈来愈高，添加的元素愈来愈多，到了唐代，大致已经定形，也就是我们在图绘中所看到的造型。

（摘自《壬辰谈龙——中国龙物语》，
原刊于《科学月刊》2012年2月号）

百思不得其解的大蜥蜴

《阅微草堂笔记》卷三，有一则乾隆年间某军官在新疆戈壁沙漠射杀人立而行的大蜥蜴的事，这则记载似幻还真，令人百思不得其解。

1977 年 10 月，我襄助陈国成教授创办《自然杂志》，同年 11 月，在该刊第二期写了篇《从尼斯湖海怪说起》，大意是说，尼斯湖水怪不值识者一哂，但《阅微草堂笔记》卷三的一则记载却令人百思不得其解。事隔多年，就再次谈谈这则记载吧。

俞提督金鳌言，尝夜行辟展戈壁中，遥见一物，似人非人，其高几一丈，追之甚急。弯弧中其胸，踣而复起，再射之始仆。就视，乃一大蝎虎，竟能人立而行。异哉！（卷三《滦阳消夏录》三）

蝎虎，北方方言，指壁虎，此处可引申为蜥蜴。辟展，城名，原指鄯善，现指吐鲁番市鄯善县的一个乡。试语译这则记载如下：

提督俞金鳌说，他曾在鄯善一带戈壁沙漠中夜行，远远看到一个东西，似人非人，身高几达一丈，追他追得很急。弯弓射中其胸部，倒了又站起来，再射，才倒下去。就近一看，原来是只大蜥蜴，竟然能够人立而行，真奇怪！（卷三《滦阳消夏录》三）

《阅微草堂笔记·滦阳消夏录》题记："乾隆己酉夏，以编排

秘籍，于役滦阳，时校理久竟，特督视官吏，题签庋架而已，昼
长无事，追录见闻，忆及即书，都无体例，小说稗官，知无关于
著述；街谈巷议，或有益于劝惩，聊付抄胥存之。命曰《滦阳消
夏录》云尔。"乾隆己酉，即乾隆五十四年（1789）。乾隆三十三
年（1768），纪晓岚因案发配乌鲁木齐，三十六年赦还。此条乃追
忆乌鲁木齐见闻。

俞金鳌射人立大蜥蜴想象图，原刊于《自然杂志》一卷二期

（王碧环绘）

据笔记记载，俞金鳌射杀的大蝎虎，似为一种以后肢行走的
肉食性巨型蜥蜴，但现生巨蜥皆生活在热带地区，没有生活在沙
漠地区的纪录。又，现生蜥蜴以后肢行走者（如双冠蜥），都是小
型蜥蜴；大型蜥蜴皆以四肢攀缘或匍匐。或曰：笔记所载是否为
恐龙孑遗？恐龙于六千五百万年前灭绝，新生代以降从没发现过
恐龙化石，此说可信度几近于零。或曰：是否受到源自西方的恐
龙观念的影响？恐龙研究始于19世纪初，纪晓岚（1724—1805）

生活于18世纪，此说亦可排除。或曰：是否为提督俞金鳌所编造？俞金鳌为方面武将，且编造不离见闻，古人所传言的山精木怪甚多，未闻有人立而行的大蜥蜴，此说亦难周延。那么俞金鳌所见为何？笔者百思不得其解。

俞金鳌，《清史稿》有传（列传一二富僧阿、伊勒图、胡贵、俞金鳌、尹德禧、刚塔）。大陆"文化共享工程天津数字频道"有其简传："俞金鳌（？～1793），字厚庵，天津人。清高宗乾隆七年（1742）武进士，授蓝翎侍卫。十二年补山东守备。历兰州营游击、广东澄海协副将、广西左江镇总兵。三十一年调甘肃肃州镇总兵。三十二年往伊犁办理屯田事务，因收获丰裕晋级。三十八年擢乌鲁木齐提督。后调江南提督，福建陆路提督、甘肃提督，参加镇压回民起义。四十九年改湖广提督，又参加镇压苗民起义。五十四年入觐京师，得赐紫禁城骑马。五十八年因病回乡休养，不久死去。晚年声誉既隆，权臣和珅屡相拉拢，而俞金鳌毅然不附，史称有古大臣之风。"

可见俞金鳌在沙漠中射杀"大蝎虎"，是乾隆三十二年至三十八年前后的事。纪晓岚乾隆三十三年发配乌鲁木齐，三十六年赦还。在时间上，两人刚好重叠。我们几乎可以确定：纪晓岚的这则记载，是亲耳从俞金鳌口中听来的。

（摘自《阅微草堂笔记笔者的几则生物记录》而略加损益，
原刊于《中华科技史学会学刊》第17期，2012年12月）

从《武媚娘传奇》谈唐代宫人服饰

> 《武媚娘传奇》的宫人大多袒胸露乳，但从唐代绘画观
> 察，当时宫人并非如此，该剧的服饰显然不合史实。

我原本很少看电视，一年来由于干眼症作祟，较少看书、写作，为了打发时间常看电视。《武媚娘传奇》（武剧）热播时，我也跟着看了。武剧是部"戏说"剧，剧情不合史实不在话下。媒体盛赞武剧服装华丽，道具考究，武剧的袒胸露乳，是媒体讨论的重点之一。剧中嫔妃或宫女，几乎都露出半个乳房，媒体上说，唐代较为开放，宫人（宫女、嫔妃）穿着原本如此。

我从1996年起业余探索科学史，开展出科学史与美术史会通的道路。看了武剧，不禁兴起一探唐代宫人服饰的念头。舍下有两部探讨历代服饰的专书：黄能馥和陈娟娟著的《中国服装史》（1995）和《中华历代服饰艺术》（1999）。这两部专书置于书架已久，就取出来仔细看看吧。

唐代妇女的服饰深受胡人影响，当时称为"时世装"。武剧中数次提到襦裙，襦，指长袖上衣，多为交领，也有方领、圆领或翻领，略如现今的衬衫，但系带子，无纽扣。除了襦，还有贴身的无袖单衣（衫），和套在外面的对襟短袖罩衫（半臂）。春秋时，衫也可穿在外面。襦和半臂的衣领、袖口常加以装饰，增加其华美。

　　至于裙，有齐腰裙、高腰裙，以及在乳房之上的齐胸裙，也有类似洋装的连身裙。初唐时流行束胸、贴臀的窄裙，较能体现人体的曲线美。盛唐之后，渐趋宽松，恢复华夏传统。在唐代绘画和雕塑（唐三彩）中，常可看到穿着窄袖上衣的仕女，系着高达乳房之上的长裙，肩膀上披着长围巾，称为帔帛，走动时摇曳生姿，也是传自西域的装束。

唐代阎立本《步辇图》，故宫博物院藏。右侧端坐步辇上的是唐太宗，
左侧第二人为禄东赞。宫女们的服饰，可视为贞观朝低阶宫女的经常服

　　有了这些基本概念，让我们从现存唐代绘画和雕塑中看看唐代宫人的穿着。现藏故宫博物院的阎立本《步辇图》，最能彰显贞观时期低阶宫女的穿着。《步辇图》绘吐蕃赞普松赞干布（617—650，旧籍称弃宗弄赞）遣其大相禄东赞晋见唐太宗的场景，从中也可窥见唐太宗、禄东赞的样貌，也可窥见贞观时低阶宫女的服

饰，具有无与伦比的史料价值。

　　图中左侧三人，穿红袍、戴冠、身材高大、有须髯者为引导官员；穿花袍、身形瘦小、未戴冠者为禄东赞；穿白袍、戴冠者为通译。右侧绘唐太宗及九名宫女，其中六名抬步辇（坐榻），两名掌扇，一名持华盖。画家将唐太宗画得不成比例的大，以彰显其九五之尊。

　　图中抬步辇及掌扇、持华盖的九名宫女，发型一致，服饰亦一致。上身皆穿同一款式的窄袖交领上衣（襦），外罩对襟短袖罩衫（半臂），披有长围巾（帔帛）；下身皆穿红白相间的齐胸裙，为免行动不便，腰际扎有系带。这种装扮可视为贞观期间干粗活的低阶宫女的经常服。

　　盛唐宫廷画家张萱的《捣练图》，传世本为宋代摹本，可以反映盛唐时低阶宫女的衣着。练，是一种丝织品，刚织成时质地坚

张萱《捣练图》局部。同属低阶宫女，衣着已较《步辇图》中的宫女宽松

硬，必须经过水煮、漂洗、杵捣等工序，才能变得柔软洁白。《捣练图》绘十一名妇女（另有一名玩耍的孩童）执行各个工序的情态。本文附图为其局部，显示图中妇女皆梳同样发式，穿长袖上衣，齐胸裙，披帔帛，裙子较《步辇图》者宽松且长，或可看出时代的演变。

　　作于武周前后的永泰公主墓壁画，描绘的可能是初唐时较高阶的宫女。永泰公主李仙蕙，唐中宗七女，因与其兄懿德太子议论祖母（武则天）男宠张易之、张昌宗兄弟，兄妹同遭赐死。永泰公主墓有大量壁画，东壁所绘宫女，发型及服饰不一，下身穿齐腰裙，有些上身穿半透明圆领窄袖上衣，外罩对襟罩衫，肩上披帔帛，酥胸微露，但与武剧直接露出大半个乳房不同。

　　至于武如意、徐慧等嫔妃的穿着，从中唐周昉的《簪花仕女图》可看出端倪。此图为一长卷，绘簪花仕女五人，执扇侍女一

永泰公主墓东壁壁画（局部），作于8世纪。右侧四位宫女，内穿圆领窄袖上衣，外穿对襟罩衫，披围巾，酥胸微露

人，另有哈巴狗两只，白鹤一只，图左绘有湖石和辛夷花一株。本文附图为其局部。全图描绘仕女逗犬、拈花、戏鹤、扑蝶情景。周昉为中唐宫廷画家，所绘仕女应为嫔妃等高阶宫人。五位仕女及一位侍女，皆穿薄纱圆领上衣，外罩无领大袖衫，穿齐胸裙，披帔帛，这般装束显然不属于需做杂活的一般宫女。鉴于中唐后服饰变得宽松，武如意、徐惠等嫔妃的穿着可能较此苗条。

中唐周昉《簪花仕女图》局部，皆穿薄纱圆领上衣，外罩无领大袖衫，齐胸裙，披帔帛。或可视为中唐嫔妃的服饰

唐坐姿梳妆乐俑，作于八世纪，西安王家坟村出土。乐俑穿对襟窄袖小衫，外罩罩衫，衣领甚低，露出乳沟和半个乳房。可能是一种舞衣

　　至于袒胸露乳，我所经眼的唐代绘画及雕塑，只有一件作于盛唐的"坐姿梳妆乐俑"和武剧相仿。乐俑左手持镜，右手做化妆状，塑造一位女乐坐在椅子上揽镜化妆的情态。女乐俑穿对襟窄袖衫，外罩缀花短袖罩衫，系以系带，下穿高腰条纹缀花裙，腰带镶嵌珠宝。这可能是一种舞衣，不是平时服饰。唐代的各种

舞蹈，各有其舞衣。"坐姿梳妆乐俑"的舞衣，可能和传自域外的舞蹈如柘枝舞或胡旋舞等有关。

武剧的卖点是华丽的服装，和宫人们个个袒胸露乳。媒体妄臆唐代较为开放，宫人穿着理应如此。根据以上论述，这种论调可以休矣。

（原刊于《中华科技史学会学刊》第 20 期，2015 年 12 月）

李约瑟与鲁桂珍

　　《爱上中国的人：李约瑟传》透露若干不为人知的秘辛，包括与其妻的学生鲁桂珍相恋，因而学习中文，意外地成就了一位不世出的科学史家！

　　1981年，台湾科学教育馆（科教馆）完成常设性展览"中国古代科技发明"，笔者与一干同好参与规划。1984年9月中下旬，剑桥大学的李约瑟（1900—1995）偕其助手鲁桂珍（1904—1991）访台两周，主办方（好像是中华文化复兴委员会）安排他到科教馆参观，笔者有幸见到这位研究中国科技史的权威学者。

　　当时李约瑟已八十四岁，满头白发，精神矍铄。他身高约一百九十厘米，背有点儿驼。有人问他："您的《中国之科学与文明》能在生前完成吗？"他微笑着回答："大概不可能了。"当时鲁桂珍也八十岁了，她站在李约瑟身旁，身高还达不到李的肩膀。

　　李约瑟原本研究生物化学，1941年获选英国皇家学会会员。然而，差不多就在这时，他决定前往中国，协助中国人抵抗日本。那时中国沿海被日本占领，迁到后方的大学和研究机构严重缺乏科学器材，甚至连试管都成为珍品。在李约瑟的奔走下，英国成立了一个援华机构——"中英科学合作馆"，他就成为该馆的馆长。

　　从1942年到1946年，李约瑟在中国四年。他发现中国科技史还是一片处女地，值得投注余生深入耕耘。于是，他从一位生物化学家，变成科学史学者。1954 年，《中国之科学与文明》第一卷出版，立即成为学术界的焦点。

李约瑟生前，《中国之科学与文明》出版到第十八卷。他去世后，同事和学生们继续他的工作，目前已出到第二十四卷。这部巨著告诉我们，科技文明是东西交流的产物，中国人的贡献功不可没。这部巨著使得西方人较能了解中国，也使得中国人不再妄自菲薄。

潘震泽译，《爱上中国的人：李约瑟传》
封面书影（时报出版，2010 年）

2009 年，也就是李约瑟去世后十四年，他的传记——《The Man Who Loved China》出版了；中文版由潘震泽翻译，书名《爱上中国的人：李约瑟传》（时报，2010）。潘震泽是知名科普作家，译笔信达雅兼备不在话下。该书道出李约瑟研究中国科技史的经历，也道出一些不为人知的秘辛。促使李约瑟学习中文，进而研究中国科学史的关键人物，原来就是鲁桂珍！

鲁桂珍，湖北蕲春人，出身金陵女子大学，毕业后在上海一家医学机构研究生化。她从科学期刊上得知，剑桥大学的 Joseph Needham 与其妻 Dorothy M. Needham 是当时顶尖的生物化学家，于是决定投到这对夫妇门下。1937 年 11 月，三十三岁的鲁桂珍来到剑桥，成为李夫人（后来取中文名李大斐）的研究生。

然而，鲁桂珍到剑桥不久，就和李约瑟发生恋情。李夫人似乎并不介意自己的学生和先生关系暧昧，李和鲁也从不避讳，三人行维持了将近半个世纪！ 1938 年 2 月的某个深夜，李和鲁亲热之后，李躺着点燃两支烟，递一支给鲁，说："能不能把香烟的中文字写给我看？"

鲁桂珍写了，李约瑟照着写了一遍，躺着欣赏自己的作品，那可是他首次书写这种异国文字，有扇位于远方的大门突然朝他开启，让他进入一个全然不熟悉的世界。鲁桂珍写道："一切发生得很突然，他对我说，我一定要学会这种文字，不然宁可一事无成。"

鲁桂珍成为李约瑟的中文启蒙老师，鲁写道："我怎么可能拒绝帮这个忙呢？虽说那等于是要我回到托儿所，收到他写的一些幼稚的中文信，还要回复。不过他一点一滴地取得了他寻求的知识，并走上了解各个时代中国文字之路。"李约瑟这个中文名，就是鲁桂珍为他取的。到了 1938 年秋，李约瑟已可以用中文读、写。1942 年出任中英科学合作馆馆长时，连古书也能看了。

和鲁桂珍同时到达剑桥，师事李约瑟夫妇的还有沈诗章和王应睐，后者以首次合成胰岛素闻名。鲁桂珍后来写道："他对我们的了解愈多，就愈晓得我们对科学的掌握以及对知识的洞察力与他完全一样，这点不免让他好奇的心灵寻思：为什么科学只发轫于西方？过了相当久之后，他又自然冒出另一个问题：也就是说，为什么在过去十四个世纪里，中国对自然现象的掌握以及将其应用于民生上，要比欧洲更为成功？这些问题也就成为《中国之科学与文明》计划的主要动机。"

李约瑟的元配李大斐于 1987 年去世，两年后（1989）李约瑟和鲁桂珍这对相伴超过半个世纪的恋人在剑桥成婚，这时李约瑟已八十九岁，鲁桂珍已八十五岁。1937 年两人邂逅、进而相恋时，鲁桂珍做梦也想不到吧？这段恋情竟然催生了一位不世出的科学史家！

（2016 年 7 月 30 日）

舞狮的起源

舞狮的起源众说纷纭，本文作者在巴厘里岛看到舞狮，悟出中土的舞狮即使源自西域，其始源可能为印度。YouTube 上的印度舞狮视频，证实了作者的推测。

2016 年 10 月间，我去了一趟巴厘岛。长子到巴厘岛开会，长媳请我们夫妇一起去。长子知道我对印度教有兴趣，所以长媳只安排参观印度教庙宇。我们雇了一辆车，每天游二至三处名胜古迹，四天造访过十处印度教庙宇或古迹。

从印度洋到东方的航路，原本由印度人掌控，印度教和佛教随之传入东南亚。伊斯兰教兴起后，伊斯兰教徒掌控了这条航路，东南亚逐渐伊斯兰教化。巴厘岛地理位置偏远，伊斯兰教势力还没进入前，西方人已捷足先登。这大概是巴厘岛仍保有印度教文明的主要原因。

此行看出一些文化现象，其中之一就是舞狮。我在《科学月刊》1996 年 9 月号写过一篇《狮乎？獒乎？从元人画贡獒图说起》，大意是说：中国不产狮子，狻猊和狮子都是外来语。自东汉章和元年首次入贡，狮子逐渐成为一种瑞兽，其造型愈来愈失真，弄到后来，竟然把真正的狮子误认成藏獒了。该文刊出后，香港中大的黄英毅教授来信：

张先生大启：

　　拜读大作《狮乎？獒乎？》获益良多。据闻狮舞乃仿照狗之动作，事实上西藏流行一种瑞兽名"雪山狮子"，类似北京狗，故西藏喇嘛（以至慈禧太后）喜饲狗。据 The Buddhism of Tibet or Lamaism 一书中云：相传喜马拉雅山曾出现瑞狮，为村民带来丰收，后被一道士引来汉地。至瑞狮死后，汉人乃将狮皮起出作舞以示吉祥（见《故宫文物》第三十二期）。舞狮源自西凉，称西凉狮子舞也。专此顺候

　　安康！

香港中大黄英毅敬上

黄教授来函与我的复函，刊于《科学月刊》1996 年 10 号"读者与作者"栏目：我的复函如下：

黄教授钧鉴：

　　大札敬悉。舞狮之起源已不可考。《汉书·礼乐志》："常从象人四人。"孟康（曹魏时人）注："象人，若今戏虾、鱼、师子者也。"可见远在三国时已舞狮存在。至于舞狮是否来自域外，学者说法不一。中国杂技团艺术室副主任傅起凤先生认为，舞狮为国人自创。盖我国自古以人乔装瑞兽，以供驱邪逐疫。狮子东传后，国人视狮子为瑞兽，将狮子加入乔装行列乃事理所必然也。详见傅氏文《源远流长的中国舞狮艺术》（陶世龙编《中华文化纵横谈》，华中理工大学出版社，1986 年）。

　　古时舞狮，常以一人扮作胡人，在前逗引，故外来说亦非无稽。唯所谓外来，当来自西域，断非西藏。中国（包括

西藏）不产狮子已见拙文，《故宫文物》所引洋书所载传说，仅可作为谈助，不可认真。又，舞狮称作西凉舞，当源自白居易乐府诗《西凉伎》："西凉伎，假面胡人假狮子，刻木为头丝作尾，金镀眼睛银贴齿……"但不能据此认定舞狮出于西凉。专此，敬请大安

张之杰敬上，九月二十四日

　　此次巴厘岛之行，使我修正当年的看法。中土的舞狮即使源自西域，其始源也是印度。10月9日，我们参观过圣泉寺，车子一路攀升，到面对巴杜尔火山（一千七百一十七米）的观景餐厅用午餐。在停车场，意外地看到舞狮。舞狮成员皆为童子，狮偶的造型与中土的南、北狮有异。翌日参观巴厘王国仲裁法庭时，在其博物馆中又看到一具造型华丽的大型狮偶。

　　通晓梵语、巴利语、吐火罗语等的北大教授季羡林博士尝撰《浮屠与佛》一文，以读音及音韵考定，"浮屠"译自一种古印度俗语，"佛"译自吐火罗语。鉴于最早期的佛教文献，言释迦牟尼但称"浮屠"，不称"佛"，季氏在结论中说："中国同佛教最初发生关系，我们虽然不能确定究竟在什么时候，但一定很早……，而且据我的看法，还是直接的；换句话说，就是还没经过西域小国的媒介。"

　　我曾写过一篇论文《狻猊、师子二词东传试探》（《中国科技史料》第22卷第4期，2001年，页363至367），也得出相同的结论。在中国，狮子有两个名称，即狻麑（后改麑为猊）和师子（后改师为狮）。

　　狻麑一词最早出现于《尔雅》。《尔雅》一般认为成书于先秦，

编定于西汉初年，可能附加若干西汉材料。《尔雅·释兽》："狻麑，如虓苗，食虎豹。"（虓，浅毛色；苗，通猫）郭璞注："即师子也，出西域。"可见至迟至西汉初年，狻麑一词已传入中国。

狻麑古音作 suan-ngiei，上古音作 swan-ngieg。大陆藏学家杨恩洪女士告诉我，藏语狮子作 seng-ge，与狻麑古音几乎相同。狮子梵语作 simha，巴利语（一种印度俗语）作 siha。在语言学上，g、h 读音近似或相通，狻麑一词与狮子之梵、巴语显然同出一脉。可见汉语的狻麑和藏语的 seng-ge，皆源自印度。

巴厘岛的舞狮。舞狮者、执伞逗引者、掌锣钹者，皆为童子
（张之杰摄）

《尔雅》只载狻麑，不载师子，说明西汉初年师子一词尚未传入中国。东汉章帝、和帝间，班超经略西域，中国声威远及葱岭以西。章帝章和元年（87），月氏遣使献师子，这是史上第一次贡狮。月氏是吐火罗的一支，师子吐火罗语作 śiśāk，这就是师子

一词的语源。

巴厘岛属于印度教文化区。巴厘岛的舞狮，可能源自印度，不大可能源自中土。如这一推论为真，中土的舞狮可能也和印度有关，而非国人自创。印度也有舞狮吗？长子寄来一则视频，证实了上述推论。如今印度、锡金、尼泊尔、中国西藏等地仍有舞狮。在 YouTube 上键入 Indian lion dance，或 purulia chhau，可以找到多则印度舞狮视频。西域（中亚）伊斯兰教化以前信奉佛教，印度的舞狮传到西域，再传到中土可说是顺理成章的事。

（原刊于《科学史通讯》第 40 期，2016 年 9 月）

后 记

在本书自序中，谈到出版过程的曲折，我说："北京一家出版社有兴趣，且已进入签约阶段，不意又不了了之。"当时为这家出版社写的自序中有这样一段话：

> 关于书名，较确切的或许是《科学史话》，无奈台湾商务印书馆的"商务科普馆"丛书已经用了。虽然一者是"主编"，一者是"著"，仍不宜自己打自己。几经斟酌，就取为《科学史札记》吧，这个书名或许更为符合笔记体的精神。

当台湾商务印书馆伸出援手，主编和执编认为"科学史札记"太平，建议另取个书名。索尽枯肠，想出"科学史谭"，于是在序上说：

> 关于书名，鉴于和《科学史话》同一脉络，就取为《科学史谭》吧。

后来台湾商务编辑部认为"科学史谭"过于严肃，并代为取名《课堂上没教的科学知识》，这个书名的确较为轻松、较有亲和力。

我出版过的书不可谓不多，面向不可谓不广，但我的书像我的人一样，人落落寡合，书也没有一本畅销。如果改个书名就可稍微叫座，当然是求之不得的事，我还想再出本续集呢！能否如愿，就看广大读者捧不捧场了。

（2017 年 11 月 8 日）

志　谢

　　本书最早的一篇《万物生于有，有生于无》，摘自我的第一本科普书《生命》，1975 年 6 月由科学月刊社出版，最近的一篇《舞狮的起源》今年 10 月草成，前后跨越四十一年！

　　本书的写作及刊出，得力于众多报章杂志，如《科学月刊》《自然杂志》《大众科学》《经典》《金门日报》《小大地》《小达文西》《地球公民》等等，谨此一笔谢过。

　　谢谢维基百科，要不是有这部强调 copyleft（公共版权）的网络百科全书，本书的配图工作不可能完成。

　　一本书的出版，除了写作，还有很多后制工作，谢谢台湾商务印书馆相关同仁在排版、封面设计、印制等方面的费心，谢谢这些素未谋面的幕后英雄。

　　最后，要谢谢内人吴嘉玲女士，她是我东游西荡、多所尝试的凭借。